U0065435

提問力

啟動探究思考的關鍵

藍偉瑩——著

WHAT　WHY

CONTENTS

推薦序　提問讓人與眾不同　黃俊儒　4
推薦序　台灣教育最欠缺的「提問力」！　葉丙成　7
推薦序　你想清楚了嗎？你問對問題了嗎？　廖雲章　10
推薦序　用提問為自己大腦編寫操作手冊　羅怡君　13
自序　欣賞那個愛提問的孩子　16
前言　想要好答案，先有好問題　24

問「思」篇——為什麼提問？　33
你常提問嗎？　35
不提問，不思考？　47
為什麼要對他人、世界與自己提問？　61

問「題」篇——什麼是提問？　75
提問的情境有哪些？　77
提問的脈絡有哪些？　90
提問的方法有哪些？　102

WHEN&WHO　　HOW

問「提」篇──如何提問？ 115

「關鍵理解」如何決定？ 117
「關鍵理解」如何探究？ 137
「關鍵理解」如何引導？ 156
「關鍵提問」如何提出？ 179
提問如何更精準？ 197

問「用」篇──問對了嗎？ 215

親子教養如何用心問？ 217
學校學習如何精心問？ 232
領導共好如何真心問？ 250
開創未來如何學會問？ 261

結語　未來，從提出好問題開始 276

推薦序

提問讓人與眾不同

黃俊儒（中正大學通識教育中心特聘教授）

提出一個好問題到底有多重要呢？提問當然不是只為了對這個世界找麻煩，而是如果能針對現象提出一個值得思考的好問題，經常也就意味著已經把麻煩解決了一半，就如同醫生在看病的時候，如果能精準地從各種病徵中抓出主要病因，大概也就把疾病解決了大半。提問就是具有這樣的神效，是一種十分高階的認知能力。

在過去有關提問能力的各種探討中，我特別對於台灣二〇〇六年第一次參加「國際學生評量計畫」（Programme for International Student Assessment, PISA）的結果印象深刻。當年針對五十七個國家十五歲學生的評比中，台灣學生的數學成績傲視全球（第一），科學素養的成績也名列前茅（第四），只是如果細看科學素養表現的子項目，會發現台灣學生的「解釋科學現象能力」表現極佳，「形成科學議題」及「科學舉證能力」則有待加強。也就是說我們的學生雖然有很好的理解力，但是在論證以及形成議題的向度上，卻表現相對不理想，後來幾次的評比也多呈現出與這個結果大同小異的樣貌。

從這個評比結果可以發現，台灣學生在看似優異的科學及數學表現下，卻也存在著一些隱憂，某種程度透顯了我們這種「代工式」教育的缺失。所以在教學現場上，我們可以看見學生們對於完成教師或教科書所「交代」的事很在行，但是如果在這個既定範疇之外，對於自行發現問題與解決問題就比較掙扎。如果反應到社會概況，正好坐實了我們容易開設出好的代工廠，但卻比較難孕育出特色品牌的現實，顯然提問能力在這裡扮演著一個舉足輕重的關鍵角色。

在許多認知心理學的相關研究中多發現，知道如何提出好的問題是智力的要件之一，而且很可能是最重要的部分，尤其是面對變化急遽的世界，如果不能常常保有提問的能力及態度，就很難窺見整體社會的脈動並進而適應與調整。這些思考上的習慣都有賴於從小就開始漸進地培養，而本書正好提供這樣的養分。

偉瑩老師是我在台灣師範大學科學教育研究所的學妹，她一向對於事情有很好的追問精神及觀察視角，也因此在博士班畢業後，能堅持地走一條與眾不同的道路，並且經營地有聲有色。我相信偉瑩老師今日的成就，正是因為提問這項能力的養成，就如同她在自序中所提到的那位愛提問的孩子，因為提問可以讓人獨特與堅持，更是創新與實踐的原動力。

這一本書結合了作者長時間的教學經驗及人生觀察，有心法也有策略，透過平易近人的筆法，引領讀者進入問題的世界。讓我們了解，更美好的未來就從向世界提問、向社會提問、向自己提問開始。

推薦序

台灣教育最欠缺的「提問力」！

葉丙成（台大教授、無界塾創辦人）

一直以來，教育最重要的就是要讓學生學會思考。但傳統教育，卻往往重視知識更甚於思考。二〇一三年開始，台灣各地出現了翻轉教育的浪潮。許多人希望我們的教育能開始與學生更多對話、能讓學生思考、能培養獨立思辨能力。但這真的很難！難的原因，正是因為大家的提問力不足。

偉瑩老師這本《提問力》，正是目前教育現場最需要的關鍵好書！

我們當老師、當父母的人，都希望學生／孩子能學會思考，建立專家思維。但思維模式不是靠老師教、靠老師講就能夠養成的，是要靠常常思考才能逐步建立的。想要讓學生開始思考最重要的關鍵，就是要有好的問題！因為人往往都是遇到問題，才會開始思考的。鮮少有人在沒有遇到問題的狀態下，還會開始思考的。

然而，傳統以來的教育都是著重知識的傳遞。過去的教師養成也因此多是重視「教」，遠勝過於「問」。影響所及，教育現場許多老師都是教書的能手、提問的苦手。我們在大學也都很鼓勵教授多跟學生提問討論，也常聽到教授說自己有做到跟學生提問、討論。但觀察之後才發現，所謂的提問討論，不過是叫學生看完文本後，一一點名問學生：「那你看完有什麼感想？」

這種「盍各言爾志」式的「那你看完有什麼感想」的討論，完全沒有層次，也沒有引導。但這卻也是教育界從大學到中小學都最常見的討論方式。這種提問做得再多，都很難能讓學生進入深層的思考，也因此讓學生的思考能力無法進步，遑論建立專家思維了。所以我一直認為，提問力的欠缺，正是目前台灣教育往前邁進的最大瓶頸。

自從相識以來，偉瑩老師最讓我佩服的，就是她引導學生進行提問討論的功力。我們曾在台大師培中心合作授課數個學期。我看她每次上課都能透過提問討論，讓學生很熱血地去探究，真的很不簡單！我常在想，如果台灣有更多的老師能學會偉瑩老師這樣的提問力，那台灣的教育就沒問題了！

但究竟提問力要怎麼樣才能養成呢？我非常高興看到偉瑩老師《提問力》這本

書的問世！透過書中許多的提問案例與深入淺出地探討，讓我們更加了解該如何對學生做好提問、引導學生思考。而且不僅如此，偉瑩老師在書中也帶著大家探討如何做好課程設計，進而建立關鍵理解、培養專家思維。書中諸多的提問範例，更能幫助老師、爸媽更有勇氣去嘗試建立屬於自己的提問。

綜而論之，台灣孩子過去思考能力的缺乏，正是來自於許多老師提問力的不足。我認為《提問力》這本書是後一〇八課綱時代的及時雨！只要願意花時間好好參透這本好書的人，提問功力將會大增，引領孩子開始思考。我鄭重推薦這本好書給爸媽跟老師！

推薦序

你想清楚了嗎？你問對問題了嗎？

廖雲章（獨立評論@天下頻道總監）

藍偉瑩老師是教育創新圈裡的KOL，她從小喜歡發問，動手動腳找答案，長大成為老師後，仍然是自問自答，不安於標準答案。然後她跳出了教育體制，開創了一個更自由、有創意的教育組織，她不只是個傳道、授業、解惑的老師，更想要鼓勵學生培養提問力，因為面對無常的未來與環境，比起找答案，更需要先問對問題。

藍老師的這本新書讓我想起我所遇過最會提問的一位前輩。她曾是個上課從不發言的安靜學生，有天卻被老師叫到研究室，老師對她說：「**妳下次不必再來了，因為我的班上不允許知識的寄生蟲。**」她從此變了一個人，每次上課都積極爭取發言，於是她發現，問一個好問題，比找到答案更重要。

她是我已故的前老闆、老師，《台灣立報》、《四方報》創辦人成露茜。成教授是加州大學洛杉磯分校（UCLA）社會學教授，而她在UCLA最知名的教學法就是「提問教學法」，不斷地追問學生深入問題意識，想清楚自己到底在做什麼。

當年跟她一起開編前會的印象至今仍令我記憶猶新。那是個例行的母親節活動，我負責採訪全國自強媽媽表揚的記者會，除了新聞稿之外，還要寫一篇人物專訪。當時的我很得意地報告了人物背景與新聞切點，又找到當年度境遇最悲慘的婦女，做了一篇精彩的訪問。成教授聽完我的報告，她開口了：

我們的讀者為什麼要讀這條新聞？

政府每年從全國各地收集這些茹苦含辛的婦女故事，並公開地表揚她們，目的是什麼？

這位女士早年喪偶後服侍病重的公婆，一肩扛起三個小孩的教養責任，承受這麼悲慘的際遇時，政府的角色在哪裡？社福體系呢？

她為什麼覺得自己不肯改嫁是值得驕傲的？

她為什麼得靠吃這麼多苦頭來得到表揚？

這樣的表揚背後傳達了什麼樣的價值觀？

這樣的價值觀值得鼓勵嗎？

表揚這樣的價值觀，誰得利？誰受害？誰支持？誰反對？

這一連串從點、到線、到面的提問，把這一則平凡的例行記者會拉出了層次與視野，從性別與階級的角度，一一點出那些我們習以為常的事情背後值得深思的問題。

就像藍偉瑩老師這本新書所提醒我們的，不要那麼容易接受既存的現實，試著再多問一點。去問，就對了。

推薦序

用提問爲自己大腦編寫操作手冊

羅怡君（親職溝通作家與講師）

說到提問，我經常開玩笑說，每天最常使用問句的人應該就是父母：

「你怎麼這麼不聽話？」

「為什麼你老是跟我唱反調？」

「我拜託你乖一點好不好？」……

這些無法回答、也難以進一步探究原因的問句，在孩子長大成人後依舊會發現發現各類「照樣造句」充斥生活裡。回想一下這些「類抱怨真指責」的問句，對我們造成什麼影響呢？是否習慣性將耳朵關上以便忽略這些問句，此時沉默是金？

場景切換到教室裡，老師想開啟課堂討論卻收到冷淡回應，不禁感嘆：

「為什麼你們沒有意見也沒有問題？」

而學生心中可能想的是：「**學這些以後用不到的東西要幹嘛？**」

這兩組問句像不像古裝劇裡深宮怨婦的自怨自艾、自問自答呢？

現在，邀請你回想過去曾經浮現這些ＯＳ問句的時候：

那時的你真正在想什麼呢？

如果可以繼續想下去，你又會想到哪些事情？

仔細感受一下，即使你不必開口回答，一旦被問到以上兩題，很可能你已經開始思考，甚至不自覺產生行動想像，飄到另一個時空了。這些假問題換個角度、認真地摸索下去，也能成為探索自我、發現盲點的契機，更別說是一個好的提問，啟動腦袋裡的連鎖效應就一點都不難了。

可是，什麼才是能啟動思考的提問呢？

藍偉瑩老師的《提問力》跳脫一般好問題爛問題的窠臼，整本書也用４ＷＩＨ自我問答做示範，從「為什麼要提問」的哲學觀開始，再將提問分類，一一回顧我們經常脫口而出的提問，有意識地揭開對話的目的、明白背後的脈絡，收納完畢後，自己解讀世界的慣性自此一目了然，這才算是清空經驗，準備走上新的思考歷程。

緊扣著「如何啟動思考、如何增進學習」為目的，藍老師根據教學內容不同的文本深入探討，根據學科知識設計合適的提問，加入拆解思維形成的方法。讀者隨著文字走入藍老師的腦路，導覽一遍完整邏輯之後，不意外地再拋出幾個問題，讓讀者立即整合方才累積的訊息，檢閱是否已形成意義。

我十分佩服藍老師整理抽象概念的能力，《提問力》並非傳授句型或課程架構，而是由高層次對知識、學習真義的探究，建構搭建提問路徑的能力，提供更多思考與對話方向的選擇，因應學習者和文本類型，有感觸動對方的內在好奇與動機。

提問像是一個人思考的風向球，讓思考路徑清晰可見，企業界曾應用類似概念，拆解「問題背後的問題」，直指事件本質的核心。試問下個世紀的孩子，面臨資源缺乏、高度競爭的成熟社會到底需要什麼能力？這本《提問力》給的不是答案，而是每個人都能為自己大腦編寫的一本操作手冊！

自序
欣賞那個愛提問的孩子

我從小就愛問個不停。

媽媽忙碌時如果沒有空理會我，就會請我安靜一點，如果請我安靜無效，她就會運用「有效的方法」讓我安靜。每當我無法向人問問題時，便會自己開始提問與找答案，所以很多東西只要經過我的手就會壞掉了，而我的說詞永遠都是：「是它自己壞掉的，不是我弄的。」

現在回頭想想，學齡前的我這樣想很正常，我只是想要知道鬧鐘為什麼會走、收音機為什麼會有聲音，而且我只是打開來瞧瞧而已，都是它自己不好，為什麼會拼不回去了呢？可以想見的，我當然又受到媽媽運用「有效的方法」修理了一頓。

上小學後，我感興趣的事物範圍開始改變，例如當我聽見大人總說「吃水果不要把籽吃進去，不然肚子裡會長出水果來」，我當然不可能把籽全都吞進肚子裡，試試看肚子裡會不會長出水果，但我會找很多空的鐵罐子，然後去外面挖許多土回來，只要有新的水果種子就把它種進土裡，想要看看會變出什麼來。雖然媽媽告訴我這樣種子不能長大，說土不對、罐子不對，說了很多很多，但我就是想要試看看。

記得有一次下過雨後，我看到路面上出現好多小蝸牛，覺得很特別，回家拿了塑膠袋就衝出門。後來我抓了一袋小蝸牛回家，純粹是出自好奇，並沒有要做什麼偉大的研究。當然，最後這些小蝸牛的屍體被媽媽發現了，罪魁禍首的我根本忘記我偷藏了一大袋在房間裡，於是我又被藍媽媽的「有效方法」管理了一番。

雖然我從小就是家中被「有效方法」管教最多的小孩，但卻更激勵了我的好奇心，讓我更想知道「為什麼」，或許在我心中更想知道的是，到底什麼時候媽媽才會有空回答我的問題吧！我的父母雖然對我的行為很難招架，卻常常在其他長輩或朋友面前說起我所做的事情，我聽得出來也看得出來，其實他們並沒有那麼討厭我的作為，這也讓我更安心地繼續維持好奇與提問的習慣，因為我知道他們還是很愛我的。

上學後，我發現並不是每個老師都喜歡我的好奇與提問，但還好我從小受過媽媽的「鍛鍊」，至少還看得出什麼表情和口氣是表示老師快要受不了我了，所以我很聰明地只會對著願意跟我一起討論的老師說出我的疑問。回想起來，能夠和願意敞開心胸跟你討論的人一起對話，真的是很過癮的事情。也因為對事情保持好奇以及凡事都想搞清楚的習慣，求學時期的我即便是在許多講述法的課堂中成長，就算老師沒有問我問題，我也會一直對自己提問，只要有我想不通的事情，只要是課本上或是老師的說明有跳躍或不順之處，我就會想辦法自己找答案。

那是個沒有網路可以搜尋資料的年代，如果找不到答案只能找大人討論，否則就得去圖書館裡一本書、一本書地翻閱。我從來都不為了考高分而讀書，只有一件事情會讓我想要學習，那就是當我不懂或是想把事情搞清楚的時候。

至於我的好奇心是怎麼來的？其實正是從那位喜歡使用「有效方法」管教我的媽媽那裡來的，因此媽媽就是我第一個要感謝的人。

我的媽媽小學三年級後就因家庭因素無法繼續讀書，正因如此，她相當渴望學習，她也總是很努力地自學，每當遇到有不懂的就會想要知道，一有不會的地方也會馬上問我們或問朋友。現在媽媽更厲害了，每當遇到無法解決的問題時，她都會自己上網找資料研究，目的就是想要讓問題獲得改善，我想這就是媽媽給我最好的身教吧！從前最受不了我這麼調皮的人，卻是影響我最深、也是我努力學習的對象，給了我一生最好的示範。

我很感謝在求學生涯中遇過的幾位老師，他們是我第二個要感謝的人。

記得高中歷史老師採用主題討論的方式進行授課，歷史期中或期末考試也是用非選題要我們表達想法；數學老師不只是給我們解題目的方法，還讓我們知道數學家是怎麼思考與形成理論；國文老師花了許多時間讓我們看到文本是如何構成，思考作家想要傳達什麼；生物老師總是抱著一疊厚厚的最新雜誌進教室，還提供許多補充資料讓我們盡情翻閱，我永遠都記得那份幾乎快要出到一百題的月考考卷，裡面有超過一半的題目都是非選擇題。感謝老師們能夠尊重我們的學習樣態，願意傾聽大家的提問，讓我能很安心地提問與思考。

因為這些對我影響深遠的人們，以及自己過去的學習經驗，讓長大以後成為老師的我在進行課程設計時，總會思考著：現象或事情到底是怎麼發生的？如果要讓學生從不會到會，我應該要怎麼安排教學次序以及提問？如果在備課過程中發現有些細節是過去求學階段沒有釐清的，我也會重新學習一遍，因為一個完整的理論或概念，就應該具有符合邏輯的思考歷程。我自己重新經歷了一次概念建構的過程，所以在每一個要引導學生的關鍵，都能知道該如何引導與觸發。

進了研究所以後，是另一個學習上的大突破，因為有更多的時間可以做大量資料的閱讀，上課時間還能與老師和同學充分討論，也有許多課程鼓勵我們將感興趣的主題進行研究。記得碩一時，我就針對好多門課做仔細的研究，透過觀察、資料蒐集與分析，讓我更清楚學生學習的意義。而博士班後的學習更是如此，我的指導教授楊文金老師是個很尊重學生的人，老師總是說重點不是把書讀完，而是讀完以後，你有什麼想法？所以每當我閱讀經典後，總會不斷地與自己的想法進行內在對話，精煉自己的理論。謝謝我的指導教授總是要我們培養清楚的思維，建立自己的哲學，而不只是理解各種理論或哲思，也不是一味地仿作。即便我的想法不一定跟老師完全相同，但他總是要我們成為一個生產知識的人，他是我第三個要感謝的人。

最後，還要謝謝這些年來跟我一起努力的夥伴們，以及讓我入校陪伴的老師們，你們是我第四個要感謝的人。在每一場工作坊中，或是當我進到每一所學校入校陪伴時，對於老師們想要設計的課程或是決定要放入課程的內容，我總是好奇地提出許多問題，因為我真心想要了解老師們在課程設計中是如何決定重要內容的，以及做這些安排的真正想法是什麼，唯有透過不斷地提問，才能幫助我們一同了解設計中許多沒有被說出來的想法，這時的我是很真心地想向大家學習。

當我了解後，再依據對於課程設計的哲理與方法，透過提問協助老師們釐清決定或是發現困惑，接著一起找出答案。所以每一次工作坊或入校陪伴，我總是那個收穫最多的人。此外，為了讓自己在面對老師時可以說出更清晰的話語，我不斷地解析自己的思考，解析自己如何理解世界，從中並了解到人們在面對理解世界時的困境，這樣的自我解構歷程也讓我知道如何幫助他人解構自己的想法，並嘗試用更淺白的語詞來表達它。

不知道是因為太過幸運的緣故，我總是遇到能接納我的人，或是根本就是遇到跟我相似的人，不管如何，總是有人願意欣賞我的好奇心。或許這是因為當我面對生活或工作上的事情，或是個人或眾人的事務，我先提出的往往是問題，而不是給答案，讓事情有了更多的彈性與更好的發展性。

雖然我的身邊仍有許多跟我不一樣的人，但我很喜歡這樣，因而讓我永遠留意差異，保持自己的好奇與彈性。而在與這些人互動的過程中，多數情況下我仍能獲得友善的回應，仔細想想，或許因為我的好奇與提問都是為了讓事情更好，而不只是想讓事情變成我想要的樣子。這樣的境遇，讓我有更多機會去後設自己的所思、所想、所言、所行，找出我為何能這樣看待事情，為何能這樣與人互動，又為何會這樣設計課程，逐漸整理出自己的理念基礎與實踐方式，也才誕生出這本書。

這幾年的教學現場應該是前所未有的活躍，老師們認真地探求各種課程與教學，大家廣泛地討論與學習各種理論與方法，然而也有許多同詞異義的情形存在，引起現場老師們的困惑、誤解或是比較。我想每一種理論必然有其形成的背景與環境，也有其適用之處，都能幫助現場的人面對不同的情境。其中我最在意的是現場的教師們能否掌握意義，而不僅只滿足於形式上的運用。

無論在親子互動、課程教學、班級經營或是組織領導等，方法永遠只能被知道關鍵的人所用。我們能否讓生活更為一致，建立面對人、事、物的相同態度，這才是我想傳達與追求的重點，就像這一路以來那個永遠會對自己提問的我。

欣賞那個愛提問的孩子，這會讓他懂得欣賞自己，也會讓他熱愛探索世界，更會讓我們的生命因為他而變得豐富。

我們也要欣賞那個喜歡提問的自己，因為人生就是一段不停提問的旅程，我們永遠都在探索自己的生命，雖然答案永遠都在變動著，但卻會愈來愈精采。無論這個世界如何變動與前進，唯有不斷地提問，引出探詢解方的歷程，我們才有可能追求更好的未來。

提問，是終生持續的行動。

謹將此書獻給藍媽媽、指導教授楊文金老師，
以及曾經與我一起研討課程的老師們！

藍偉瑩

前言

想要好答案，先有好問題

「如果要讓一個人從不會到會，你會考慮哪些面向？」

這是我經常在帶領工作坊時問的第一個問題。這個問題一點都不特別，但卻不容易回答。我們來看看另一個問題：

「如果要把一個單元教完，你會考慮哪些面向？」

我不知道你對於這兩個問題的回應是相同的、相似的或相異的？對我而言，前者思考的是「他人」會發生什麼歷程與結果，後者思考的是「我」要完成什麼歷程與結果。當我問了不同的問題，就會走上截然不同的解題歷程。

我們總是花太多時間在注意答案對不對，卻可能未曾想過，如果我們根本就問錯問題了，或是如果換一種問法，那麼會得到什麼結果？

原來，**我們該認真思考的是「如何問」，而不是「如何答」**。

提問的力量

問了不同的問題，就會走向不同的歷程，這指的是什麼意思？我們可以用以下四個例子來做討論：

【狀況1】

- **你們有發現什麼奇怪的地方嗎？**
- **你們發現了什麼？**

前面的句子有預設答案，對於現象已經有了提問者的既定評價；後者則沒有預設答案，解答者可以在獲取更多的資訊後，再決定下一步。

【狀況2】

- **這個題目要用什麼方法來解決？**

- **這個題目裡談了什麼？這些內容間有什麼關係？**

前面的句子對於有速解法的人來說是不用深思就能以直覺反應，直接決定答案；後者則是讓解答者梳理背景並聚焦在找出各項目的關係，思考過後再下判斷。

【狀況3】

- **這個方法有哪些錯誤的地方？**
- **如果要讓這個方法更好，我們還能做些什麼？**

前面的句子是封閉的，只想找出問題，但不確定這個問題後還會有什麼；後者則是開放的，引導解答者思考更好的可能，同時帶出希望的感受與行動。

【狀況4】

- **這篇文章在談什麼？**
- **這篇文章想要傳達什麼？**

前面的句子著重在對文章內容的理解，確認對於事實的了解；後者則是促進更深入的思考，進一步想探詢事實背後的溝通目的。

面對同一個現象，我們可以透過提問，得到心中想知道的答案，也可以透過提問，得到他人的想法，藉此看見與自己不同的想法。在上述四個例子裡，我們可以看到同一件事卻有兩種不同的提問方式：前者的提出多是為了獲取或確認某些既定的想法，從問題的問法就能發現，提問者已經在語句中指引方向與提出期待，所以如何找出被肯定的答案就成為解答者最重要的事情；後者的提出是為了促進解答者看得更遠或更深一些，即使提問者的心中對於問題已經有預設的答案，卻不會在提問中被覺察，而讓解答者能夠專注在自己的理解上。

有人或許會問：這樣的比較難道是指透過提問得到預設答案是不對的嗎？但是學校課堂中的許多學習不都有固定的答案嗎？難道我們要在課堂中推崇開放、無標準的討論或漫談？

當然不是。我確實認為有些提問是有預設答案的，甚至就是要讓解答者知道提問者正在提醒他們要找出必須注意的事情，例如在探討關鍵問題之前，我確實必須確認基本的資料已經被解答者掌握與理解，才能具備足夠的資訊進行後面問題的推論。

然而更根本的問題在於，當我們太急著得到自己想要的答案，反而讓我們忘記原來還有更重要的事情值得被探究。我們錯過了事實背後的意義、錯過了解答者的想法、錯過了發現差異想法的機會，我們甚至錯過了激發出更精采想法的可能，而這一切的可能皆源自於：**我們忽略了解答者其實是一位探究者，他的主體性與能動性是必須被期待，更需要被引動**。

我們與孩子間的互動最常出現的情形是我們對他提問，他就給出我們想要的答案，但是我們真的想要知道他是怎麼想的嗎？無論他說出口的答案是對的或是錯的，我們是否在乎他是如何聯想、推斷或做出推理與判斷？

如果沒有人在乎孩子自身對於要探究的事實是否好奇，對於所生活的世界是否有想提出的問題，那麼我們確實錯失了一個孩子成長過程中該出現的有意義經驗。

這正是本書的目的，想要帶著大家重新思考「提問」，思考我們在面對孩子、面對他人，以及面對自己時，我們都是怎麼問、又問了什麼。

本書架構

這本書共分為四大篇，包含：提問相關的哲理（WHY）、提問需求的情境（WHAT）、提問歷程的關鍵（HOW），以及提問實踐的場域（WHEN & WHO）。

WHY——首先，提問就是要引出思考，如果不關注我們如何思考，不了解我們在面對思考過程中會出現什麼樣的外在與內在歷程，那麼我們就無法提出好的提問來引導有邏輯的思考。我選擇先說明這本書對於提問的理念，有了理念才知道提問時最需要關注與掌握的是什麼。

WHAT——再者，需要提問的情境讓我們知道，無論是何種情境，找到更好的答案是共同的目標，沒有這樣的認知，就不可能引出好的探究脈絡，無論是要發現新意義或是驗證已知的意義。我選擇在第二篇說明提問的情境脈絡，藉由對於情境與脈絡說明清楚後，我們才知道提問該做到什麼程度。

HOW——接著，提問歷程的產生讓我們知道，所有的提問都必須先釐清此次歷程在乎的關鍵，也就是這一段探究最終要達成什麼，可能是獲得深化的意義，或是達成有品質的過程。在前兩篇的原則說明後，我接續說明提問的方法，透過對於方法細節的說明，我們才會知道該做什麼，才能產生好的提問。

WHEN & WHO——最後，提問出現的場域與對象，幫助我們釐清情境異同，如果無法掌握不同場域與對象的特性，就無法實踐哲理，引出好的情境脈絡，提出好的問題。我選擇最後來說明不同場域與對象的運用，因為唯有透過真實實踐的探討，才能知道提問真實呈現時該有的樣貌。

在這四篇裡，我一致地守護著探究者的主體性與能動性，並以這樣的期許貫穿著整本書，也希望讓長久以來我們常說的「以孩子為中心」、「以學生為中心」，以及「以成員為中心」，藉此機會能進一步作思考與釐清。如果我們期待在生活中、學習中或工作中都是充滿創造力的歷程，那麼守護探究者的提問就變得重要。

提問是為了要引出探究者的探究歷程，為了能夠有更好的理解或發現。為了達成這樣的情形，我們應該先思考一些重要的事情：

- **提問者視角：如何引起投入。**提問者必須轉換視角，思考對於探究者而言，什麼樣的提問是能夠引起好奇與困惑，讓探究者成為決定展開探究的主體，後續才有可能為了找到更好的答案而展現其能動性。

- **提問者焦點：如何引出歷程。**提問者必須專注於探究歷程的進行，知道在每個當下應該引出什麼樣的探究歷程，讓探究者不斷地抓住待解的疑問，也要促進他採取更好的行動。
- **提問者姿態：如何促進思考。**提問者必須對於探究者展現友善的姿態，不僅對於好奇的提出表示友善，對於探究歷程中的想法表示友善，也對於歷程中的困惑或失敗表示友善。友善不是討好，而是營造促進思考的環境氛圍，運用可促進思考的用語等，讓探究可以堅持，直到好的答案出現。

提問是一個動詞，也是一個名詞；是做一件事，也是做出來的那件事。提問是探索意義上非常重要的行動與結果。我們絕不是只要孩子學會結果而已，更要讓孩子學會把大部分的時間用在探究一個有意義的問題上，這樣的經驗將影響他有沒有辦法探索這個世界，也影響他是否能從探究這個世界的過程中形成新的意義，更影響他在面對未來這個世界尚未產生的許多問題時，能否具備去面對、去解決或承擔問題的能力？**如果我們的孩子未來面對外在的世界，都沒有辦法提出一個明確的問題，那麼他**

可能連著手解決這些外在世界現象的機會都沒有。

我們透過有系統的提問安排或思考引導，讓孩子從我們的示範中，觀察與學習怎麼提出問題，而那些由孩子提出來的問題並非要由我們來回答，更多的是我們希望透過他們自己提出問題，引導他們覺察自己對於現象的理解與否，並能決定下一步的行動。最終，我們期待他們能培養自問自答的習慣，就如同成人在生活中應該出現的情形。如同本書特別規劃每頁下方的提問筆記，期盼讀者透過對自己的提問，開啟找尋答案的歷程，這是一個相對成熟的探究者與學習者會有的思考歷程。**能夠問出對的問題，是探究世界的第一步，也才有終身學習**。

WHY

問「思」篇

爲什麼提問？

常聽到有人提到，小孩隨著年紀愈來愈大，問的問題卻愈來愈少，對外在世界似乎不再感到好奇，與他人對話時好像也沒有真正聆聽。是提問的原因不在了，還是這就是孩子的正常發展？身為家長與老師，我們能從孩子的提問中看出什麼端倪？或者我們的提問又會如何影響孩子？提問，這個看似理所當然的本能行為，到底對於我們的意義是什麼？又會如何引導著我們認識與改變這個世界？

你常提問嗎？

不是我很聰明，只是我面對問題的時間更久。

——愛因斯坦（Albert Einstein）

在開始思考「人為什麼會提問」這件事之前，我想先問幾個問題：「你在日常生活中經常提問嗎？」、「你在什麼情況下會提問？」、「你用過哪些方式進行提問？」

看見上述這些問題，你腦中浮現的答案是什麼？我想一般人在生活中最常出現的提問，應該是「確認」，多數時候是想確認對方是否理解或是否完成，像是：「你知道我說的意思嗎？」或「你把東西寄出去了嗎？」這些問題的提出與回應都不太需要深度思考，甚至不過是一種直覺反應。

接下來，如果把時間軸拉長，我們一起回想一下，在從小到大的成長過程中，你通常什麼時候會提問？

第一種常見的提問情況，應該是因為對事物不了解而感到「**好奇**」或是「**困惑**」的時候。在生活中對於事情感到好奇，是每個人都有過的經驗，特別是孩子。當孩子觀察到過去未曾經歷過的現象，無論是飛翔的蝴蝶、飄落的雨滴、大人打噴嚏等，都能讓他們深感興趣。而跟好奇有點類似，但卻是不同感受的則是困惑。困惑多半來自於觀察到的現象與過往所知有矛盾或出入。無論是好奇或困惑，都會讓思考者產生**主動探究**的行為，企圖找出答案。

第二種常見的提問情況，是對人、事、物想要「**深入了解**」的時候。這種情形就像是哲學上的「第一原理思維」（First principal thinking），打破所有被視為理所當然、實則不應如此的事物，打破砂鍋直到無可爭議的最根本事實為止。不斷地追問「為什麼」，不斷地問直到已經找到最根本為止。唯有找到最根本之處，深入了解才有可能找對問題、想對問題、解對問題。

第三種提問情況，是對於腦中正在運思的想法感到不確定，因而透過提出問題來「**澄清**」或「**釐清**」的時候。這種情況綜合了困惑和深入了解，但不像困惑情況那樣的認知不平衡，因為已經有了探尋的方向；也不是在現有的了解基礎上向下深入挖掘探索，而是對當下形成的暫時性想法進行推論或檢驗。

第四種情況就是前面提到的「**確認**」，就如一開始所說，這種提問是成年後保留最多的提問類型。

還有哪些時候我們會提問呢？還有以下兩種常見的情況。

第五種是「**質疑**」或「**挑戰**」。當你對一件事情有不同的看法，你想質疑或挑戰對方，你就會向對方提出問題。雖然這種提問有可能會讓人不太舒服，但基於想要讓事情更清楚，這樣的提問還是會在生活中出現。

第六種提問相對於前面幾種類型來說較為有趣，就是「**建立關係**」。為了邀請對方對話，有時候我們會故意提問，藉此產生對話。一般來說，我們通常會直接跟別人聊自己想聊的事情，但如果你想讓對方跟你講話，你卻一直講，那麼他就不用講話了，這時用提問來引動與邀請對方來跟自己對話，就成了最自然的方式。而提問的方式不同，邀請出來的對話就會完全不一樣。

以上列舉的這些提問中，有幾種提問都有著相同的功能，那就是「**追求更好**」：為了讓人、事、物更好而提問，希望讓人與人之間建立更好的關係或相互理解而提問、讓事物得到更好的發展而提問。這類提問通常無法透過直覺反應，而是要對現況或是自己所做經過評價後才能提出。例如在澄清階段，我們會說：「我們可以怎麼修

Q

正？」或是「只有這個方法了嗎？會不會有其他的可能？還有沒有更好的方法呢？」我們經由追求更好的提問，而得以想得更加深入、更加仔細。

然而，仔細回想起來，上述這些提問你用過多少？你覺得自己是個好的提問者嗎？談到這裡，我們就不免進一步思考到：雖然有這麼多種生活中可能會出現的提問，但是不是每個人都能提出好的問題呢？在回答這個問題之前，我們先來討論人是否天生就會提問這件事情。

好奇與提問是天性

想想你在路上遇到貓或狗的經驗。當你走近時，有些動物會稍稍停頓，觀察你和周邊環境的狀況，再決定下一步。這種停頓我們也曾出現過，在十字路口停頓一下，在腦海中自問自答，然後做出安全的決定。相同的情境也可能出現的結果是直接向前走，不小心就發生意外，就像有些動物會出自本能的快跑，結果差點撞上人或車。本能上的提問有著生存上的意義，透過提問而懸掛直覺的反應，至少保障了安全。

家中有低年級或學齡前孩子的父母和老師就更能體會了，平時孩子受點小傷是很難避免的事情。有些孩子較為謹慎，遇到事情會觀察、確認後才行動，但有些孩子則無論你三令五申的要求或警告，他仍然無法理解或體會，直到自己真的受傷為止。無論是自己曾經因為某種行為而受傷，或是看過他人發生相似的事情，如果孩子在面對事情時會稍作停頓並與內在對話，就能確保自己盡可能遠離危險。

提問是人類的天性，我們自然會提出想要問的問題，但問得好不好或對不對，就是另外一回事了。其實從現代人的角度來看，如果都不問問題，人生就會變得很簡單，這又是怎麼說呢？

不提問帶來的危險

你一定曾經聽過身邊有人說：「你幹嘛想那麼多呢？」你也許發現自己跟身邊的人比起來，的確在工作上、孩子教養上或人際相處上會「想很多」。別人常覺得：「你為什麼要想得這麼複雜，不就是教書嗎？你幹嘛要搞得自己這麼累？」就像是課綱改革或多元入學改革，不少人一碰到「改變」就感到麻煩，他們對於現有制度的問題即便知道好像不太對，也無法提出有意義的看法或解決方案，更別說有些人對於問

Q

題根本不覺得有問題。你會發現對於那些不太常問問題的人而言，所有的事往往變得習以為常，生活自然就會變得很簡單。

不過把事情想得很簡單以後，有時候就會有別的危險，對吧？比如說我們那一代的學生跟現在的孩子很不一樣，但如果不去理解差異的緣由，仍用相同方式與態度面對不相同的世代，那麼就會產生教育的危險。遠古時期跟現在的危險本質上沒有差異，但現今會產生危險的情境與後果的可能性又更高了。過去的危險常是會立即嘗到苦果，現在的危險有時不是立即的，常是不知道未來什麼時候會發生，而且一旦發生就會造成很難挽回的後果，就像是氣候變遷帶來的各項變化。身體相關的危險有時是即時性的，當事人會馬上痛的，所以會馬上提問並尋求解決，但生命意義或長久生存的危險常常不是立即的，如果現在不知道要停下來提問，將來就可能會出大事。

當你將生活中面對的所有事情都視為不變與相同時，你就不會提問，所以即便遇到不一樣的條件，你也不會有警覺性以預測接下來可能會遭遇危險。就像因為疫情而「停課不停學」的情形，即使不採取線上同步學習，而採用非同步學習，那都不等同於學校在寒暑假派作業。同步學習與非同步學習如何操作關乎老師對於學生學習目標的設定，去思考何時該做非同步的閱讀與線上影片觀課，何時又要進行同步學習的提問討論與引導思考。

老師扮演著幫助學生定錨理解的重要角色，如何透過提問，讓學生能夠看見不同的視角，這不同於透過寒暑假作業讓學生運用已有的能力來完成任務。如果我們沒有向內提問，釐清看起來相似的行動在本質上的差異，很可能犧牲的就會是學生的學習了。所以即使人們天生就會提問，但如果無法在提問的時候做出有品質的提問，那麼這樣的本能仍是無助於人們的發展。

不會問問題的人，他就是不會停下來。你如果要教孩子思辨，他是不是應該要先停下來對自己問問題？可是不會問問題的人就是不會停下來想一想，它就是一直走了嘛，這樣很危險的。所以，如果我們教出來的學生是一群不會提問的孩子，那麼他們可能只是直接對外反應而一直往前走去，遇到危險就如同遇上了懸崖，最後就只能全部都掉下去，導致難以挽回的錯誤與遺憾。

問對、問好問題，需要後天培養

那些能夠提出對的與好的問題的人，又是怎麼做到的呢？在人類的歷史上，總會

Q

有少數幾個人具備這樣的特質，能夠做出不同凡想的提問，他們為的不僅是求生存，而是為了尋找更好的答案。他們從一群人之中脫穎而出，帶領大家避免遭遇危難，成為可以改變時代的人。這些人是先天注定具備提出好問題的能力、注定要成為領導者嗎？當然不是。如果這樣想，那麼教育就不需要存在了。提問雖然是人的天性，但如果想要問得對且問得好，就必須透過學習與實踐來漸進達成。

如果我們從直覺回應外在世界，到能對外在世界提出問題，我們才有機會看到其他的可能，進一步提出追求更好的問題。打破原來的假設，不要用原來的方式去問，便開始看到新的可能。就如同當我們看到北極熊的照片，多數人自然會聯想到氣候變遷，然而你是否曾經思考過：你從什麼時候開始將北極熊等同氣候變遷了？是什麼原因讓你這麼想？而真實的情形又是如何？氣候變遷與北極熊的連結是在什麼樣的背景下形成的？有哪些科學證據？這些證據能說明什麼？兩者間的關係絕不會只是這麼簡單的連結關係。

假定我們看見北極熊就直接想到氣候變遷，我們還有可能對問題作更深入的思考嗎？別說是提出問題，你可能連問題都未曾產生。然而，當你跳出原來的可能去重新定義這個問題的空間，你把範圍拉大了，而不是把它限縮在這個已經有結果的東西，你才有機會去重構問題。一旦問題被重構了，這時便產生了好奇、困惑或不確定，為了深入了解而往下挖掘，這時我們對於世界的探究才真正展開。

換言之，提問能讓人們對於世界有更廣和更深的認識，培養孩子擁有這樣的提問能力不僅改變自己對於人、事、物的認識與關係，更成為孩子領導特質之一，不只能幫助自己看見事物新的特質，更能特意對所在的群體提出問題，觸發其他人有重新開始探索的機會。

提問從生活開始

父母與老師對於孩子就像是這樣的角色，透過我們的提問，讓孩子看見直覺之外的意義，更學習我們發現世界的思考方式。有些父母與老師已經在這部分有了很好的經驗，時常透過提問，讓孩子開展不同的視角。孩子喜歡與這樣的成人相處與對話，因為總能從中發現新奇與有趣的事情，並且隨著自己的心智被挑戰，跟著開始尋找更好的答案。

反之，也有許多家庭與課室中的孩子失去了探究的熱情，面對大人提出的問題時

Q

都只需要直覺回應，一句話就結束交談了，怎麼討論都討論不下去。大人是否能創造出引起探究的提問空間是很重要的事情，能不能扮演好提問者的角色，問出一個更好的問題，將影響著解答者能否產生新的視野與新的路徑。

當大人面對孩子總是將氣力用在教導他時，這時問出的問題目的性就會很強，因為這時大人關心的常不在於孩子是怎麼想，只在意孩子是否理解，也沒有企圖引起孩子的好奇或困惑而有更深廣的思考。久而久之，孩子就會變得僵化無趣，漸漸失去提問的興趣，也失去了探究這個世界的動力。**當我們能夠在乎孩子的想法，不會隨意論斷孩子的想法，我們更有可能協助孩子發展好的提問能力**。能夠這麼做的大人本身必然也是一個對人事物充滿好奇的人，所以才不會直覺地對孩子與所面對的情境下判斷。

先天提出的問題是隨意的，可能是沒有觀察過的，是直覺的；但後天問的問題則人們會依據實際上的狀況，評估哪些是關鍵的點，在充分觀察完事情後做出判斷，才會提出相對比較穩定與更成熟的問題。讓學生能夠更審慎地思考並提問，將影響他們對於世界的認識與行動，這也就是為什麼我們必須不斷地在家庭或學校培養孩子提問的原因。

用一個好問題，釣出更多好問題

父母和老師的提問必須有別於本能的提問。比如說，當面對不確定的情形，你要提問，是為了讓孩子的想法感到好奇或困惑；你要提問，是為了促進理解而故意要挑戰或質疑孩子。我們必須更用心地了解孩子天生的能力，以及如何能促進提問能力的發展，盡量避免直覺回應的限制性問題耗損了孩子的心智。

為了讓我們的孩子能善用天生的提問能力，並透過有效地發展提問能力，啟動未來人生道路與思考的契機，身為師長的我們需要以身作則，透過更深入地了解提問所能產生的意義，才能更加幫助自己在協助與支持孩子發展的過程，做出更好地判斷與決定。

Q

提問精要放大鏡

▼無論是何種情況下的提問都有著相同的功能，那就是「追求更好」：為了讓人、事、物更好而提問，希望讓人與人之間建立更好的關係或相互理解而提問，讓事物得到更好的發展而提問。

▼如果我們培養出的是不會提問的孩子，那麼他們可能只是直接對外反應而一直往前走去，遇到危險就如同遇上了懸崖卻無計可施，導致難以挽回的錯誤與遺憾。

▼提問能讓人對於世界有更廣和更深的認識，培養孩子擁有提問能力不僅改變對於人、事、物的認識，更能特意對所在群體提出問題，觸發其他人有重新開始探索的機會。

▼為師長的我們需要以身作則，透過更深入地了解提問所能產生的意義，才能更加幫助自己在協助與支持孩子發展的過程，做出更好的判斷與決定。

不提問，不思考？

思考是件苦差事，因此很少人會去做。

——愛因斯坦

「你怎麼做事不用大腦啊？」這句話雖然在偶像劇中會聽見，但不可否認我們在生活中有時也會在腦裡響起這樣的話語，懷疑為什麼對方做事不經思考。那麼什麼是「思考」？你什麼時候覺得自己有思考呢？如果腦中的運作都算是思考，那麼思考似乎並不困難，也隨時可以被啟動。如果是這樣，那我們怎麼會說別人不思考呢？

由此可知，我們並不會將他人以直覺、隨興或僅憑經驗的回應視為真正的思考。我認為真正的思考，指的是**思考自己的思考**，也就是心理學提到的**後設思考**。過程中多了停頓與確認，讓思考的結果變得更可信，更讓人安心。那麼，這樣的思考要如何產生？又如何確定是更好的呢？

思考源於困惑

提起思考，最為人熟悉的要算是笛卡兒（René Descartes）的名句「我思，故我在」，無論思考的對象或內容為何，當思考的歷程發生的同時，便證明思考者必然存在。這也讓我提醒自己，生活忙碌不代表活著，因為我很可能只是本能地一直在回應每一件事情，那種快速反應且時間被填滿的感覺，常常會讓我們忘記覺察自己，無法回過神來。既然我們不會因為忙碌就變得有必要思考，更不會因為有空閒就變得有心情思考，那我們到底要如何才會啟動思考呢？

美國哲學家與教育學家杜威（John Dewey）在《我們如何思考》（*How We Think*）中提到「**反省思考**」（Reflective thinking），他說：「主動積極、鍥而不捨及縝密考量任何信念或任何形式的知識，作為支持信念及其所達致結論的依據，即構成反省思考。」我嘗試從這一段定義中提取出幾個關鍵詞：

- **主動積極**
- **鍥而不捨**

- 縝密考量
- 支持依據

這四個詞分別代表「思考的起點必須要自發」、「對思考的終點有強烈的執著」、「對思考的過程有完美的要求」，以及「對思考的結果有客觀的評估」。一個人要能自發地思考，而且不找到答案不放棄，還有不願意滿足於隨興或不嚴謹的答案，既要反覆確認，又要有憑有據，仔細想想，我們平常好像不常這樣思考，如果真要說出大家共同的經驗，恐怕只有在戀愛時，當思考著對方愛不愛自己，我們的思考才會這麼拚命地滿足這四個條件吧！

如果我們再進一步分析這四個條件的關係，要啟動這四個條件，必然是思考者有必要

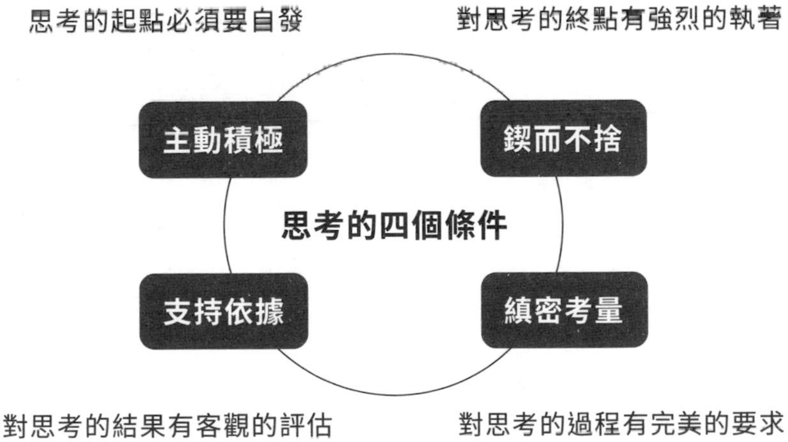

思考的起點必須要自發　對思考的終點有強烈的執著

主動積極　鍥而不捨

思考的四個條件

支持依據　縝密考量

對思考的結果有客觀的評估　對思考的過程有完美的要求

思考的原因，如果不想清楚會讓他久久難以忘懷，甚至難以繼續其他的事情。會造成這種情形，想必是他心中升起了好奇或困惑，想要弄清楚事情是怎麼一回事，或是想要妥善的解決問題，而且絕不是得過且過或應付了事就行。換言之，要能夠達到這麼高難度的四個條件，則思考者必然遇到讓他好奇或困惑的現象，讓他對自己**提問**了。提問才引起思考，在得到結果後才可能停止。

感到好奇心，所以會產生問號，這時候我們會開始想像這到底是怎麼一回事，想知道這件事是怎麼發生的、可以怎麼被完成，或這是怎麼被做出來的。感到困惑，也會產生問號，不同於好奇心產生時心情是愉悅或興奮的，這時候我們通常是因內在失衡而感到困擾。困惑的第一時間，我們的心裡通常會想：「為什麼會這樣？為什麼跟我以為的不一樣？」

當思考啟動後，人們便開始尋找可能的答案。我們通常不會第一次就找對，除非那個問題是過去已知的，只是暫時忘記而已，稍微想一下就能喚起記憶。如果是新的經驗，我們會開始找出一些可能的候選答案，測試會不會是這樣、會不會那樣，到底哪一個可行，或哪個推論結果才合理，哪個過程才是對的。孩子學習新知時，也應該要經歷這樣的歷程，才有機會接近思考的四個條件。

眞正的思考

人是如何因為好奇與困惑而展開一連串的思考？杜威提出了「反省思考」歷程的五個階段：發現困難情境、找出問題所在、提出解決問題的各種假說、推論各種假說的結果與確認、驗證假說。這個歷程就像是求學時期我們做的報告內容：最開始要說明到底是覺察到什麼讓我要做這個研究，接著便開始根據我過去所知或為此查找的資料之間有什麼關聯，進一步確定我想要解決的問題。接下來，就要設想到底有哪些合理的可能答案，以及我要透過什麼樣的研究設計來驗證；當我們對於可以候選的

杜威的反省思考歷程五階段

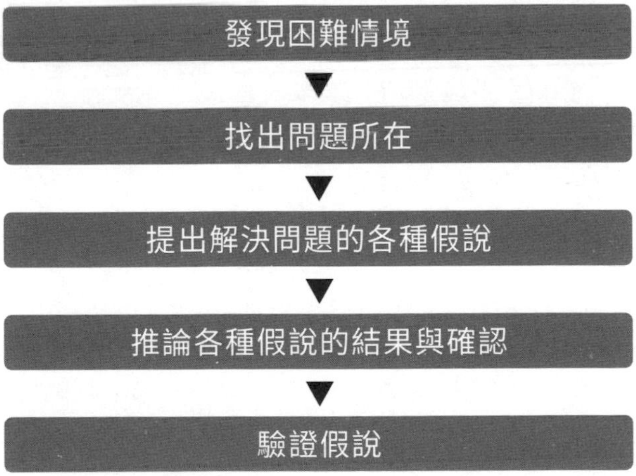

發現困難情境
▼
找出問題所在
▼
提出解決問題的各種假說
▼
推論各種假說的結果與確認
▼
驗證假說

答案進行檢驗時，我們便會蒐集與分析證據，提出結果。最後我們便確認了哪個候選答案是目前最合理的，並且提出結論。

原來我們從學生時代起，就開始進行著和「反省思考」一樣的歷程，老師只是把理想上該出現的思考歷程轉換成報告架構，藉此引導學生做練習。即使多數老師沒有跟學生仔細討論過每個步驟間的關聯，以及這個歷程象徵的意義，以及為何要以這樣的方式來論述才能讓人信服，但我們還是完成了許多「不知為何如此的報告」。接下來，我們就用孩子的思考歷程，來看看為何這樣的過程是杜威和老師覺得較理想的方式。

孩子的思考無論是由自己的困惑所啟動，或者被老師和家長提出來的問題而觸發，都會讓孩子開始思考。每次對自己提出疑問，孩子的腦中就會開始搜尋過去的經驗、開始連接過去的經驗，試圖比對出一個最符合現況的經驗。找到那個經驗以後，孩子就開始依據過去經驗與那段經驗的結果，去比對現況與過去經驗的異同，那些不同且不確定之處，便成為他的待解問題了。於是他會開始去推測各種可能的答案，當腦中有多個候選答案跑出來的時候，他就會開始進行比較、分析、判斷、推論等過程，經過不斷地分析與判斷，到最後他就會評估以找出符合各項相關事實且合理的答案，並再一次用這個答案從頭思考一遍，確認這確實是可以接受的答案，把它當作最終的結果。

這似乎是一個看起來很不錯的思考歷程，與我們天生的思考習慣不相衝突，但又多了嚴謹的確認步驟，抵達探究終點，得到相對好的結果。那麼，我們只要照著這樣的步驟訓練孩子，就可以讓他擁有真正的思考嗎？

思考的關鍵

「這樣的思考歷程為何被認為是好的呢？」

「如果依據這樣的歷程就可以有好的思考嗎？」

我們先來談談第一個問題，這樣的歷程可能會產生品質較好的思考，是因為符合「反省思考」四個條件中的「主動積極」。因為有需要被滿足的好奇心，或是需要被平衡的困惑感，所以我們會積極地想要尋求答案，在找到答案之前，當然會鍥而不捨；透過縝密考量，測試幾種可能的答案，最終如果要接受暫時的答案成為正確的答案時，就要有可信的支持證據，讓推論形成合理的解釋。然而，我們是不是就培養孩子

Q

能夠遵循這樣的歷程思考就好呢？如果是這樣，那我所提出來的第二個問題，又該怎麼說呢？

換個場景來談，如果這是一門國小的國語文課，老師今天要同學們完成一篇說明文，老師已經充分說明了說明文的特點，也讓學生都清楚寫作的流程，請問：是否全班都能完成一份好的說明文？答案應該是很明顯的，如果只要清楚流程就能夠讓大家把事情做好，那麼醫院大廳就不需要有這麼多志工來幫忙解說了。究竟還缺了什麼呢？關鍵就在於，我們是不是掌握了歷程中每一個步驟的要點，以及該用什麼樣的態度來思考。

我們有時會說某人的邏輯很好或某人怎麼這麼沒有邏輯，那個我們認為思考很沒有邏輯的人，他似乎也是根據所看到的現象進行推論，論述聽起來也有前因後果，只是他可能是因為前因的資料不完整而誤判，使得整個論述都不對了。這樣看來，邏輯就不是單指思考歷程了，那這裡的邏輯又是什麼？

我很喜歡杜威對於邏輯的詮釋，特別是他將邏輯與思考連在一起談，形成了「邏輯的思考」，這就將思考分為「邏輯的」和「不邏輯的」兩類。有無邏輯這個說明成為區別思考的標籤，同時在詞性上成為描述思考的一種形容詞。那麼，到底什麼是

「邏輯的思考」呢?

如果思考的品質好壞取決於過程是如何進行的，或許就更容易想像應該要用哪些形容詞來描述品質好的思考。讓我們再一次檢視思考的四個理想條件，首先就來看「鍥而不捨」。如果只是找到答案才停止就能算是鍥而不捨，那我相信多數情況下大家會認為自己已經達成了。既然是對於思考的形容，那就該想想這裡所期望的鍥而不捨，應該是哪種態度?我們或許可以從希臘哲學家亞里斯多德（Aristotle）提出的「第一原理」來尋得答案。

第一原理是:「一個最基本的命題或假設，不能被省略或刪除，也不能被違反。」任何事情如果往下深究，都能夠找到其最基本的命題或假設，就能知道什麼是最根本的道理或是問題。如果以這個原理來看「反省思考」四大條件中的「鍥而不捨」，我們就該要問問自己，平常在解決問題時，我們是否真的已經追根究柢到最根本的那個問題了?

特斯拉的創辦人馬斯克（Elon Musk）曾提過:「我會運用『第一原理』思維而不是『類比』思維去思考問題。……第一原理的思考方式是用物理學的角度看待世界的方法，也就是說一層層剝開事物的表象，看到裡面的本質，然後再從本質一層層往

Q

上走。」他以這樣的方式來面對企業的發展，嘗試看見別人沒有看見的根本，掌握真正核心的問題並著手解決與實踐。

打破所有被視為理所當然但實則不應如此的事物，並打破砂鍋直到無可爭議的最根本事實為止，這就是鍥而不捨所應具備的態度，不斷地追問「為什麼」，通過對問題的追問，我們能發現表面背後的真正問題；通過對人的追問，我們能弄清楚人們內在真正想要的。不斷地問，直到已經找到最根本為止，唯有找到最根本之處，才有可能找對問題、想對問題、解對問題。

第一原理的運用也包含了縝密思考所需的態度，縝密思考必須縱向挖掘到根本，確認不因表面現象而做出判斷。縝密思考還需要橫向確認到無例外或無法解釋者，這一點可和支持證據的條件一併思考。對於支持暫時想法的合理依據，我們都需確認我們對於證據是沒有偏好或偏見的，這是什麼意思呢？簡單說，就是絕對不能只選擇可以支持你預設答案的支持證據，而刻意忽略某些事實。我們必須要有彈性地去納入可能的事實，並加以檢驗。

同時，我們更要真誠地面對自己，確認自己沒有偏見，對於各種可能我們都要測試過；也要面對自己內在的聲音，明明知道目前的測試或是有些事實和我們的想法是不完全相符的，就要再繼續確認，絕對不能接受這種仍需要質疑的結果。所以當思考遇上了「縝密思考」與「支持證據」這兩個條件時，我們該有的態度是保留各種可能性，接納不同的想法，真誠評估暫時想法的合理性。記住，我們也許能騙過別人，但我們騙不了自己。

真正的思考要能夠把握關鍵，除了啟動時必然是主動積極的，探究時更要持續挖掘到根本，不放過任何讓結果更好的必要測試與可能想法，並真誠地面對內在的聲音，如此一來，我們的思考才可能是有邏輯的。

提問觸發思考

思考到底為什麼重要？我們為什麼要這麼在乎提問能引起思考這件事情呢？杜威曾在《經驗與教育》（*Experience and Education*）中提到「自由」的意義，**真正的自由是一個人能遇事思考，不衝動行事，能夠自我控制**。要能達到這樣的自我控制，就必須成為一個習慣於進行反省思考的人。為什麼這樣思考就能夠讓人不衝動並能自我控制呢？衝動行事的人和慎思而行的人之間的差異並非來自於害怕犯錯，而是因為遇

Q

事時會對自己提問。我們可能會問自己：「這樣做會如何？」、「其他人為何不願意一起做呢？」或「這種事情怎麼以前都沒發生？」一旦提出問題，我們就會暫緩行動，停下想想。

如果我們繼續想，我們會去聯想過去雖然沒有這樣的經驗，但如果以相似的經驗來比對，這麼做可能會導致什麼結果。最後我們會用這個預想的結果與可掌握的現況，整合形成我們的行動，讓我們做出合宜的決定。換言之，當我們成為會反省思考的人，我們就能對於還未發生的事物做出判斷，並決定合宜的行動。

我們當然期待孩子能成為會思考的人，他不需要在闖禍後才知道原來這樣做會闖禍，他會在還沒有做這件事情之前就知道：「如果我這麼做會闖禍，所以我不可以做。」法律或校規的制定都不是為了要拿來用的，這都是最後的手段，我們真正希望的是，在麻煩還沒發生前，就可以依據過去的經驗進行聯想後想像與推論，去想：「如果這件事做了會怎樣？」即使這件事都還沒有發生，我們的腦中也能產生解決問題的藍圖。

學校的學習上也是如此。思考的重要性是可以讓我們去想像與推測不同於過去的現象，探究這些原本為我們所不知道的事情，最終便發展出全新的概念。如果在老師安排學習活動時，我們只是根據老師的指令，一個口令一個動作，但卻沒有思考為何而做、該如何做，又要做什麼，這樣的行動就變得漫無目的了。如果有天孩子都變成這麼聽話，父母和教師應該都不會開心的，因為這絕不是教育的目的。就好像上課時，如果老師只是講述，關注自己的教學勝過學生的學習，怎能期待孩子發展出思考的能力與習慣，又怎能期待孩子在做學問時會主動積極、鍥而不捨與縝密考量？

我們透過能觸發反思思考的提問，讓孩子每天持續運用相同的方法思考事情，逐漸養成思考的習慣。當這樣的習慣養成後，就會區分哪些是自己測試過的想法，所以可以接受；而沒有測試過的想法，就不要隨便下結論，不可以隨便斷言。思考不僅存在於學習過程，更在生活裡，**所以父母與老師對待孩子，應該有一致性的原則與方式**，無論是生活教養、班級經營或是學科學習，都要用**相同的邏輯**，**孩子在做人、做事與做學問上才會用相同方式與標準思考，成為一致性的人**。

為了觸發孩子去思考，父母與老師要能夠提出能引起孩子好奇或困惑的問題，或是孩子自己能覺察並對自己提出問題，就成為很重要的關鍵。教育就這樣透過刻意的經驗與提問的安排，把天性的思考轉變成更好的習慣，如同杜威所說：「**教育的責任是提供培養這些習慣的環境。**」

Q

提問精要放大鏡

▼ 真正的「思考」指的是思考自己的思考，也就是心理學提到的「後設思考」。過程中多了停頓與確認，讓思考的結果變得更可信、更讓人安心。

▼ 要讓孩子的思考達到主動積極、鍥而不捨與縝密思考，則他們必然是遇到好奇或困惑的現象，進而對自己提問並引起思考，在得到結果後才可能停止。

▼ 真正的思考要能夠把握關鍵，除了啟動時必然是主動積極的，探究時更要持續挖掘到根本，不放過任何讓結果更好的必要測試與可能想法，並真誠地面對內在的聲音，如此一來，我們的思考才可能是有邏輯的。

▼ 為了觸發孩子去思考，父母與老師要能夠提出能引起孩子好奇或困惑的問題，透過刻意的經驗與提問的安排，把天性的思考轉變成更好的習慣。

爲什麼要對他人、世界與自己提問？

與人交談一次，往往比多年閉門勞作更能啟發心智。思想必定是在與人交往中產生，而在孤獨中進行加工和表達。

——托爾斯泰（Leo Tolstoy）

如果「反省思考」是源於我們產生的好奇與困惑，那麼我們在什麼情形下會好奇或是困惑呢？有時候是因為外在世界與我過去的經驗不同，而引起我的好奇；有時候則是和他人互動時，發現他人對人事物的看法與我不同，引起了我的好奇與困惑；更多的時候，是當我和自己對話的時候，才真正清楚我好奇或困惑的到底是什麼，而不只是一個感受而已。透過這樣的歷程，就像是我對世界、他人和自己提問一般，先停下來思考，探究外在**世界是否可理解**？探究我與他人的**看法是否一致**？探究自己的**認知是否夠澄明**？

Welche Thiere gleichen einander am meisten?

Kaninchen und Ente.

圖片出處：Wikimedia Commons

我的以爲不是你的以爲

許多人都曾經看過「鴨兔錯視圖」，它首次出現於一八九二年德國雜誌上，之後因為維根斯坦（Ludwig Wittgenstein）用在他的著作《哲學研究》（*Philosophical Investigations*）中而出名，書中維根斯坦藉由這張圖來說明兩種不同看事情的方式。

除了著名的鴨兔錯視圖之外，還有少女老婦、杯子人臉等不同的錯視圖型，這些簡單的試驗讓我們了解到：人們即便面對的是相同的客觀事物，仍會因為主觀選擇而產生覺知差異。探討這些覺知的差異並非是研究這件事情的重點，「認知到客觀原來可能是主觀的」或許才是更重要的體悟。

在一次的工作坊中，我提供了三份資料，請現場老師運用資料進行提問設計。這三份資料分別是「一隻沒有蓬鬆白毛且瘦弱的北極熊在融冰上走著」的照片，「一個因為說台語而被同學欺負的國小孩童」的灰階圖片，以及一篇探討「兩種藝術研究取徑差異」的短文。對多數人來說，第一份北極熊的照片是最熟悉的景象，第二份圖片則對於不理解時空脈絡的人就顯得困難了，而第三份屬於專業短文，如果不是該領域的人，就只能了解表面文意。

當大家完成提問設計後，我便請他們兩人一組，相互分享與討論。提問設計的結果，與我選擇這三份資料時所設想的相同。面對第一份資料，大家對北極熊照片提出了相似的問題，而且多數問題都繞著氣候變遷。對於在經驗上稍有距離的第二份圖片，提問則會受到自己經驗的影響，不熟悉的人只能問出圖片表層的意義，這個情形到了第三份資料又更明顯了，多數人不熟悉藝術研究，加上這篇短文專業詞彙多，大家提出的問題則相對地顯得較少且封閉。

在大家相互分享後，我沒有針對大家所提出的問題做回饋，因為問題本身不是我的目的，歷程才是。在各組相互分享後，我問了幾個問題：

Q ______________________

____

「從這些提問中，你覺察到什麼？」
「根據你的提問，你對這三份資料抱持著何種預設？」
「你的提問和你的預設之間是何種關聯？」

當大家進入這一層分析後，開始意識到自己是戴著特定眼鏡在看世界，而且每個人都有不太相同的眼鏡。接著我又繼續問：

「我們對於現象的覺知受到哪些因素的影響？」
「你和現象的關係是否影響你對世界的探究呢？」
「究竟我們覺察到的是世界，或是自己？」

整個提問過程中，我們對於外在世界的描述，是因為我們真的觀察到這個客觀世界，或只是我們自己對這個世界的解讀？這也是我每次下判斷時，會停下來問自己的事情。主客觀這件事情其實一直都是在辯證的，我們很想要證明自己不那麼主觀，所以我們可能會去蒐集大量且多種資料，以確保自己趨近於客觀。我之所以說「趨近於」，而不是「一定」，是因為真正的客觀比起我們以為的更不容易達到。科學家們透過科學社群的潛規則或正式規範，做著能夠通過考驗與再現的實驗，努力想要建立普世皆準的知識，即便如此，科學家都會因為所相信的理論不同，出現不同的現象**詮釋**。雖然如此，科學界仍然嚴守各項原則，讓所找到的知識盡可能沒有偏誤。

在工作坊的提問體驗中，參加者在背景、工作性質與受教育的歷程都很相似，對於現象的詮釋在多數情形下會自然趨同，但是進入教室裡的學生們呢？或是與我們互動但完全不同領域的人們呢？他們對於相同現象存在著不同解釋是一件非常正常的事情。因此，當我們在教室中聽到了非預期的答案時，或許不需要透露出驚訝或困惑的表情。相反的，在一個期望創新與突破的組織裡，如果有一天彼此間只用一個眼神交流就能相互理解並完成任務，那或許才是危險的開始，因為這群人已經看不見其他可能，且主觀地認定了彼此的客觀，不僅可能無法創新突破，甚至連危險的存在都沒有辦法覺察。

對於事實的詮釋不同，讓這個世界變得豐富多樣。同一個月亮，因為不一樣的眼睛而看見不一樣的風景：在文學世界裡，月亮成為詩人筆下的思鄉情懷；在科學領域裡，月亮變成人造衛星的啟迪構想；而在傳統習俗與歷史故事裡，則傳頌著一篇篇關

Q

於月亮的中秋神話與歷史故事。然而這麼多的意義，我們在成長與學習的過程中似乎都只是接收，好像沒有對於這些意義提出過質疑，為什麼會這樣呢？

意義來自於事實的詮釋

在提問設計的體驗活動後，我問了大家一個問題：「大家還記得北極熊是什麼時候開始**代言**氣候變遷的呢？」

這句話真正的意思是：「我們是何時開始將北極熊和氣候變遷連結在一起的？」這個問題我問了台灣、新加坡和馬來西亞的老師，但大家都說想不起來，也從來沒有想過為什麼會如此。在生活中，我們將事實賦予特定的意義，漸漸地，我們忘記了意義產生的過程，或是意義的來源，而將事實與意義的連結視為理所當然。這些自動化的反應讓我們忘記了原來多數的情況下，這個世界對不同的人來說是有不同的意義，這個忘記讓人與人之間的誤會增加，更讓我們喪失了好奇心。

我們對於現象的覺知部分是受到所處文化下的世界觀所影響，部分則是來自於過去經驗，這些經驗不管是親身經歷的，還是從他人處得知的，都逐漸地建立了我們的內在系統，這些系統成為我們看世界時的濾鏡。就像是當看到那張照片中看來瘦弱的北極熊，有人想的是：「牠是不是老了」，有人則認為：「牠是不是生病了」，我心裡則想著：「看過這麼多北極熊的照片，就這隻最瘦了！」當然，有更多的人直接聯想到全球暖化與氣候變遷。

一旦事實與意義的連結自動化了，我們在面對孩子時就會忽略了從事實探究到意義產生的歷程，於是我們傾向於灌輸知識或價值給孩子，因為這一切本就理所當然。即使我們也做了些提問，然而這些提問很可能不過是確認孩子是否接收到我們想要傳達的內容。當你對於即將要探究的現象仰賴於過多的過去經驗與理解時，你愈容易陷入某些框架中，問不出問題，更難以啟動孩子認識與詮釋世界的歷程。

意義的產生是一條詮釋的路徑，在真實經驗中，我們與外在人、事、物互動，觀察眼前事實或事件，經歷了認識、分析、組織等各種可能的過程，一旦這個經驗被完成了，便對於這個經驗形成了整體圖像，也產生想法。這樣的想法如果沒有繼續深究，便會停留在表象。過去我的一門選修課中，曾讓學生觀察六支茶飲的廣告片，學生最初只能說出六支廣告片的內容與訴求，在進一步提問後，學生發現了茶飲廣告會因為預設對象的差異而有了不同的拍攝主題與訴求，我將這樣的結論視為過程中暫時

Q

的答案。

我繼續帶著學生討論後，便開始討論為何對於男性的消費者是以「夢想和健康」為訴求，而對於女性消費者則是以「吸引男性注意」為訴求，這背後隱藏的價值是什麼？事實的探究如果不夠深刻，我們仍能對當次探究的經驗形成意義，但這樣的意義很可能過於表淺，也可能僅適用於相同的事實或事件中，缺乏遷移的可能，因為更深層且涵蓋範圍更廣大的意義還沒被探究與發掘，因此我們並未真的對它進行意義的詮釋。

父母或老師為孩子創造有意義的經驗是孩子成長過程中重要的事情，使他們能面對外在世界，能想像未來。**真實經驗中探究的事實會被我們記憶，包含這個事實的意義，以及表示這個意義的符號，都會與事實一同被打包記憶，成為未來理解世界的重要資本。**

從提問看見自己和別人

如果每個人對於事實的理解都因為經驗不同或文化差異而有不同的詮釋，人與人之間必定充滿誤解或衝突，但這樣的情形並不常發生，為什麼呢？因為我們認識人事物的方式不只是向外探究，更多的時候是向內探索。維高斯基（Lev S. Vygotsky）在《社會中的心智》（*Mind in Society*）中提到高層次的心理過程先發生於人際間，而後才發生在個體內，對於兒童來說這樣的轉變需要很長的歷程。我喜歡將這個理論應用於意義形成的歷程，我們總是在與人互動的過程中，發現原來他人的想法不完全與我們相同，這時候便會啟動我們內在的自我對話與辯證。這樣的內在歷程，往往是一連串的自我提問所組成，更啟動了一連串的問題解決，最終更清楚地認識世界與自己。

有不少人書讀得非常多，如果問他平常讀了什麼書、有什麼樣的收穫，他可以重述書本裡的內容，甚至連細節都記得很清楚，但卻聽不到他自己的看法。愈來愈多人對於無法掌握大量資訊感到恐慌，所以花大量的時間在網路閱讀新知，花更多的時間在社群平台上瀏覽別人的生活、想法或做法，不斷地接受從四面八方湧來的訊息，卻可能從不對這些訊息產生疑問或反思，這是我們向外探究的目的嗎？

外在世界的所有事物都是我們的文本，這些文本就是生活，每個人在生活中都不斷地探索生命，無論探索的是生命意義，或者是如何活得更好。我們常常在閱讀的過程中，對外在世界有一些覺察，這樣的覺察常常是主觀自我的直覺反應，課堂上也有不少這樣的學生，他們誤以為自己正客觀地分析與理解著世界。當我們刻意要學生們

Q

把答案說出來的時候，他們就會開始發現：同一件事情，為什麼有些人會給出和自己不同的答案？

讓孩子把話說出來，不是單純為了讓老師確認答案正確與否，更重要的是藉由他們的說，讓他們開始彼此傾聽，開始向內與自己對話：「為什麼大家跟我想的不一樣呢？」在那之後，老師才有辦法繼續追問大家為什麼看同一件事情時會有這樣的想法，或為什麼會造成這些差異。老師的追根究柢將慢慢地讓學生發現，原來一個人生活的經驗將如何去影響、干擾，或者是引導他去解讀外在世界。

當我們創造了這樣的機會給孩子，有時候就算沒有真的提問，光聽到彼此的想法不一樣的時候，孩子的內在就會開始問問題；問題一旦出現之後，他就會開始思考。我們的提問是對於外在世界提問，也是對內在的自我提問。當我們想要理解這個訊息，我發現這與我過去的已知是不同的，我便開始搜尋其他的可能來幫助我做判斷。

在群體裡面這樣的情形會產生有趣的發展，提問帶來的就是個體跟個體間的相互聆聽跟對話，其關鍵之處便是當我開始對外在世界對話時，我聽到的除了是別人對我的回應之外，我還會聽到自己原來是怎麼看這件事情。除了更清楚自己如何想之外，還有另一種有趣的經驗也很常見，那就是在你還未對他人解釋某件事情之前，你其實從來沒有過某個想法，但在與他人討論過程中卻總會說出自己從來沒說過的話，讓我們對於自己的想法從何而來感到驚奇，不禁問自己：我是怎麼做到的，或者就像每次讀自己的文章一樣，會想著：這是誰寫的啊。**和他人互動對話其實是非常重要的事情，不僅能透過提問與對話理解他人，更多的是理解自己，或對事物形成新的意義。**

用提問認識孩子

透過提問，我們還能思考我跟這個現象之間到底存在什麼樣的關係，不然我怎麼會問出這樣的問題？作為父母或老師更應如此，不能只在解讀或回應孩子的問題，更要去思考孩子提出的問題背後，代表著具備什麼樣的先備經驗或知識，以至於他會這樣問或這樣說。由此可知，提問本身能夠獲取的訊息往往遠大於得到一個答案，能幫助我們更理解學生心中對於這個主題的想像是什麼，與主題相連結的經驗或感受有哪些，這會幫助我們更精準地決定下一步行動來支持孩子的成長。

當我們帶著孩子去面對外在世界時，如果想讓他們開始試著提問跟對話，所安排或設計的課程與經驗必然是能引起孩子感受的。也就是說，當你要帶他去探討某個意

Q

義時，你為什麼要選擇某一張照片，而不是另外一張？你必然挑了一張能引起他較大感受的照片。

當然，那張照片必須跟你接續要討論的問題與意義是有關的。例如你會選擇一個最容易觸動孩子的照片，讓他在那個照片中連結到某個經驗或感受，一旦孩子對所安排的事實有了連結，我們就可以開始透過提問，讓他有機會檢視與發現自己內在的想法，讓他透過一連串的追問跟深入思考，啟動對於世界的好奇，如此一來，更深刻的意義才能真正發生。

提問精要放大鏡

▼意義的產生是一條詮釋的路徑。在真實經驗中，我們與外在人、事、物互動，觀察眼前事實或事件，經歷認識、分析、組織等各種可能的過程，一旦這個經驗被完成了，便對於這個經驗形成整體圖像，也產生想法。

▼和他人互動對話是非常重要的事情，不僅能透過提問與對話理解他人，更多的是理解自己，或對事物形成新的意義。

▼父母或老師的追根究柢將慢慢地讓孩子發現，原來生活經驗將如何去影響、干擾，或引導他去解讀外在世界。

▼父母或老師為孩子創造有意義的經驗是孩子成長過程中重要的事，使孩子能面對外在世界，並且想像未來。

WHAT

問「題」篇

什麼是提問？

「提問」啟動我們的反省思考，這個反思在不同情境下被啟動，無論是為了創新精進、解決問題、建立關係，或是為了產生改變，我們都因為提問而有不同的看見。

當提問讓我們對於事情有不同的視野、視角或視點後，我們便可能展開探索新世界的發現之旅，也可能啟動現有世界的驗證之旅；無論是前者為我們增加了新的知識，或是後者精緻了原有的知識，這些歷程都是由提問所引動的。在商業與教育界中存有許多提問相關的派典，每一種都讓我們對問題有更廣泛的認識，更應該思考這些內容與我們的關係。

提問的情境有哪些？

你在想什麼或是你對自己怎麼說，主宰著你會有什麼樣的感受和行為，而這些接下來又會主宰著你將來是成功、還是失敗。

——傑森・塞爾克（Jason Selk）

回想看看，什麼情況下你會提問？是想確認自己的理解？或是想確認他人的意願？還是想找到彼此的共識？我們似乎都曾經因為這些事情而提問過。

進一步想，我們能否對於提問的正確性或優劣進行評價呢？如果藉由提問便能達到當下的目的，應該都能算是有效的提問吧！但這樣說又會產生另一種矛盾，因為真實的情形是，不同的提問確實會導致不同的結果。所以，我們應該去思考：什麼樣的提問能夠讓事情產生更好的發展與結果？這或許才是我們需要深入探討的問題。

有一次，我與老師們討論課程設計時，其中一位老師提到學校附近河川上原有的水泥蓋將被拆除，因此他想要帶學生了解：拆除水泥蓋對於生態與生活可能造成的影響。如果你是這位老師，你會怎麼做呢？

如果我是這位老師，我想要問的問題是：「為什麼已經存在這麼久的水泥蓋要被拆除？是過去需要它存在的原因消失了嗎？我們的生活和這條河川的關係會有什麼新的變化？」從這個例子可以發現，即使面對完全相同的情境，不同的提問可以引導出不同的行動與發展。

提問改變了人們**聚焦**的重點，對相同的情境創造出不同的切入點。提問除了為了確認以外，我認為還有四種我們會進行提問的情境：解決問題、發揮創意、建立關係、領導改變。這些情境在多數人的生活中都曾經出現過，結果卻不盡然都相同。接下來，我們就用提問來談談其中的差異。

優化—解決問題

理解現象對於解決問題是很重要的，成功的企業或機構往往很重視這個部分，會對於相關的人、事、物做充分的調查，因為如果輕忽了，可能會誤解問題的真相，更遑論找到有用的解方。輕忽了背景調查的這種情形也出現在學校課程，誤以為培養學生解決問題的能力，只需要把重點放在發想解決方法與實踐，卻忽略了深入的理解現象，因而簡化了真實的問題解決歷程，輕忽了解決問題過程的審慎與意義，使得課程流於活動，學生看起來很投入，卻沒有深刻理解事理的意義，更沒有建立起未來面對問題時該有的探究歷程。

在這種情境中，我們為什麼需要提問呢？當然是希望問題獲得更好的解決，**優化解決問題的歷程成為提問的目的**。為了對於現象或問題有更好或更全面地理解，針對與現象相關的人、事、物進行提問是必要的。

在人的部分，我們必須確實理解現象或問題與人的關係、對於人的影響，以及人們在意之處等，才能**釐清在跳脫事實後，人們在乎的意義是什麼**。基於此，我們可能會問：

- **哪些人與這個現象或問題相關？他們對於現況有什麼想法？**
- **過去他們與這個現象或問題間的關係是什麼？**
- **為什麼這個現象或問題會讓他們感到困擾？**
- **對於已經可見的問題，他們受到什麼影響？**
- **關於這個現象或問題，他們最在意的是什麼？**

Q

在事與物的部分，我們必須關注在事物形成的緣由、存在的情形，才能確認事物與人的關係與關係的變化等，進而**釐清人們透過事物真正想達成的是什麼**。為了優化解決方法，我們會問：

- **這個事情（物件）是何時發生（存在）的？**
- **這個事情發生的原因為何？**
- **這個事情產生的影響？**
- **這個物件存在的原因或目的？**
- **現在的人們如何看待這個事情？**
- **現在的人們與這個物件有什麼關係？**
- **對於已經可見的問題，這個事情或物件對於人們產生什麼困擾？**
- **困擾的本質是什麼？**

在解決方法的發想上，也有兩個面向的「關鍵提問」：

1. 這個問題過去沒有被解決過嗎？他們是如何做的？為何沒有成功？

2. 其他相似的情形是否也有過成功的經驗？這種方式適合我們嗎？我們的問題情境與背景和這些成功經驗有何差異？我們能從中學習到什麼？

以上這些問題可以幫助我們分析出解決問題的關鍵因素，才有可能優化解決方法。這些提問不是為了直接找到問題，也不是為了直接得到答案，而是讓解決問題者透過提問，有了不同的視角與視野，藉此看清楚問題的全貌，才有可能找到合適的切入點。

激發──創意潛能

創意是企業與組織維持獨特的關鍵，擁有創意的人能夠以不同的方式來看待組織與外在世界的相關訊息，從中找出不同於他人的想法與可能性。要如何才能讓我們以不同的方式看待外在世界？往往需要透過**提問**來激發，就如同優化解決問題的情境，提問提供了不同的視角與視野，讓我們試著從不同的人與不同的時空轉換做思考，以

Q

找出真正的問題。

在我多次入校的經驗中，偶爾會聽到學校領導者提到老師想要發展的課程主題不好，或是老師實踐課程的安排不太合適，其中除了少部分確實有問題的個案外，多數情形只是在於領導者和老師做法上有差異而已。這時候我總會問領導者：「為什麼一定要做您說的主題呢？為什麼老師想要做的主題不行呢？我們為何要發展課程？要培養學生能力與態度只能用您選擇的主題嗎？如果學校現在要開始做課程發展與推動，最重要的考量該要放在哪裡？」

還曾經遇過老師只能發展一門課，卻想要放入不同的主題。老師一方面覺得學生應該多認識與認同在地，另一方面又覺得學生在某些能力上較弱，所以不知道如何在課程設計上做取捨而感到苦惱。這時我會問老師：「這兩個主題只能是取捨嗎？有沒有什麼方式能讓兩者共存？如果有，我們可以怎麼做？我們要怎麼開始進行呢？」

有一次進到一個班級觀課，授課老師請學生說明課文中主角具備的特質，並要指出是從課文中的哪些描述得知。過程中，學生嘗試著說出自己的看法，但似乎都無法讓老師感到滿意，所以老師頻頻對學生說「不是」，希望學生再想想。課堂結束後，我詢問老師：

「如果學生確實正確地運用了課文中的描述，也說出主角的特質，但這個特質和老師預設的答案不同，那麼學生的錯誤在哪裡？」

「當課文沒有直接說出主角的特質時，這種情形下該如何判斷誰的答案對、誰的答案錯？」

「老師提出的這個問題，想要確認的是學生對於什麼的理解或什麼方面的能力？」

學校理應是激發與孕育創意的地方，因為教育本來就充滿希望與未來，但往往被有標準答案的習慣給限制了。我們應該思考：讓學生學習開展的方式只有固定的可能嗎？會不會運用看起來不常見或非慣性的組合，反而讓學生得到了更好的學習？

學校給予老師發揮創意的空間與實踐的支持，老師給予學生開放的空間與審慎的思考，讓創意得到激發，讓潛力能被看見，在每一個卡關點問自己：「**為何非這樣不可，事情有沒有其他的可能？**」當我們這樣提問時，我相信限制就有機會消失了。

互動──建立關係

另一個可以透過提問改變的情境，就是人與人的互動。當我們想和新朋友互動

Q

時，最常見的方式就是透過提問促進對談，不僅可以讓氣氛輕鬆一些，也能增加談話者相互了解。只是在多元文化的時代下，千萬不要問不禮貌的問題，否則就反而變成破壞關係的提問了。與新朋友的對談通常沒有太大的壓力，但對於認識許久的人或是同事，如何改變原有關係產生更好的互動，就是另一個挑戰了。

人與人之間常會因為想法或做法的不同而產生摩擦，在對話時總是爭論對錯或輸贏，對於他人的話語總是抱著防備。在一次入校協助的過程中，我發現該校校長和老師為了一件事情無法取得共識，他們在我到學校的兩週前就已經有過對話，一位總是想說服對方接受自己的想法，一位則是不斷地重述自己要做的事情很重要，而這樣的互動氛圍並非是第一次。

於是我請校長在旁觀察我與老師的對話。當我在老師面前坐下來後，先透過一連串的提問，充分聆聽與了解老師的想法，也邀請校長一起參與。我的提問如下：

「老師，您這個課程主題很特別，怎麼會想做這個課程呢？」

「嗯，如果學生學會這個，也剛好會運用到數學課程的學習內容，還有解決問題的能力，是嗎？」

「這個時間點也很特別，剛好在畢業之前。如果學生真的幫忙做完這件事情，就好像是送了一份畢業禮物給學校？」

老師因為我的提問，於是把原本只是單純想要學生完成一件工作的想法產生更多的延伸與想像，更闡述出這件事情將會讓學生對學校產生情感的意義。最後我對老師說：「我覺得這樣真的很棒，我們就試著做做看吧！」

透過一連串的提問，不只是更理解老師想要做什麼，更讓原本看不見交集的事情出現了一些交會的可能，看起來不同的取徑也可以達成相同的目的。雖然最後討論出來的做法不一定是最好的結果，卻讓老師對於自己想完成的課程有了更大的承諾與更深刻的意義，也讓校長及老師卸下心防，改變參與的態度，甚至到最後，老師自己覺得課程發展得還不夠好，主動表示希望能夠改得更好。

提問使對話的雙方都從防備與不安中向前跨出一步，讓彼此的差異有了化解的可能，更創造新的互動方式，建立新的關係，不僅讓事情有了更好的發展，也能形成新的組織文化。

Q

驅動——領導變革

「領導」是所有領域長期關注的主題，從過去到現在有著不同的派典，早期認為領導是某種人格特質，後來認為領導是可以透過學習而發展。領導也因著目的不同被加上許多形容詞，在教育現場就曾經出現過「願景領導」、「學習領導」、「課程領導」等，無論是哪一種領導，共同之處都在於：領導者除了讓組織可以穩定運作外，也要促進組織的互動與策略產生改變，使組織有更好的發展。

然而真實的情況是，並非所有的領導者都能夠驅動改變的發生，每個改變都需要原因，否則我們很難激勵別人真正做出改變。所有人做事都有動機，人們做事需要的是自己給自己的理由，而不是別人給的理由。因此，如何讓人們發現自己投入的理由，就成為驅動改變的第一步，既然理由不是別人給的，而是自己提出的，那就只能透過提問來促成了。

那麼，究竟該怎麼問，才會讓人把注意力放在覺察自己與反思自己，而不是懷疑或思考提問者到底有何目的？我認為如何提出中性且無預設答案的問題是基本要素，要真誠地理解他人的想法，沒有特定評價地看待每一個想法。近年來，我們在學校現場中就常看見運用便利貼呈現想法的討論方式，這讓每個人都擁有平等的表達機會。討論時我會問：

「如果要將這些想法中較為相近的分為一個類別，我們可以如何分？」

「這些類別彼此之間有沒有關係或先後次序？」

「這些想法是從我們平常遇到的哪些事情或困難而來的？」

領導地位的確立，並非來自於「有權做決定」，而是因為能夠幫助組織內的人看見自己與彼此。所以領導者會透過提問，讓大家有機會真誠地說出對事情的想法與感受，發現彼此的相同與相異之處，讓每一個人更投入組織發展的思考中。例如：

- **我們之前採取什麼做法？為什麼？**
- **在那之後，現況如何？**
- **是什麼原因，讓事情不如我們所預期？**

Q

即使過程中，大家不盡然都會感到輕鬆或喜悅，甚至可能因為問題的呈現而感到沉重，甚至是感到苦惱與困頓，然而正是如此，「提問」愈能幫助我們改變狀況。領導者在運用提問引出與釐清這些想法後，對於大家的投入做出最終的邀請：「如果我們都覺得這件事情很重要也困擾我們許久，那麼我們要不要一起努力看看？」領導者給予大家支持，並承諾要以大家共同重視的事情與遭遇的困難，作為組織發展的重要方向，便同時肯定了所有成員加入共同找到的變革之路。

無論是何種情境，我們都能靠著提問轉換我們看待人、事、物的方式，透過營造友善的提問氛圍，建立提問與對談的習慣，而提問之後，群體共同思考與行動，讓提問不只是提出一個問題，而是形成一種新的組織文化。

想想看，未來當你再遇到這些情境，你的提問會不會有所不同了呢？讓我們繼續練習，**讓提問不僅是提問，更創造情境裡新的焦點，讓問題有了不同的可能與想像**。

提問精要放大鏡

- ▼提問改變了人們聚焦的重點，對相同的情境創造出不同的切入點。
- ▼提問的目的除了最常見的確認以外，還有四種提問的情境：解決問題、發揮創意、建立關係、領導改變。
- ▼透過提問，我們能釐清在跳脫事實後，人們真正在乎的意義是什麼。
- ▼組織能透過營造友善的提問氛圍，建立對話的習慣，並產生共同的思考與行動，讓提問促成一種新的組織文化。

提問的脈絡有哪些？

如果他不能籌劃他自己解決問題的方法，自己尋找出路，他就學不到什麼；即使他能背出一些正確答案，而且百分之百正確，他還是學不到什麼。

——杜威

在經歷到的人、事、物中，有些對我們而言是新的，有些則是已知的。新的人、事、物之中，有些可以經由連結過去相似的經驗，經由推理與推論得出意義，有些則需要透過觀察與分析等過程才能歸納出意義。年紀愈小時，我們經常是去**發現**新意義，隨著年紀漸長，我們可以憑著過去經驗的延伸，**驗證**意義的正確與否。這樣的過程在我們的生活與成長過程中不斷地出現，逐漸累積起對於人文與自然世界的**認識**與**詮釋**，也學習看待及描述世界的方式。

我們鮮少對於如何理解這個世界做太多的後設，然而這樣嚴謹的脈絡其實在學校的學科學習裡會反覆地出現，就如同科學領域的發展，不只存在於解決特定問題的「驗證脈絡」（context of justification），還存在於對新的事物探究的「發現脈絡」（context of discovery），在每個領域裡都有著相同的情形。

發現脈絡

許多父母與老師都曾經有過相同的經驗，明明現象就近在眼前，孩子卻說沒看見。面對這樣的反應，成人心中常會感到困惑或生氣：「為何你沒有看出它？為什麼無法說出它的意義呢？」如果仔細地釐清就會發現，原來我們看見的是能呈現特別意義的現象，成人所稱的「看不見」並非指視覺上的看，往往是指意義上的看。對於一個已經理解意義的成人來說，看見事物背後的意義常是自動連結的，在自動化的情形下，會讓我們誤以為看了就該明白道理。在我們自己的成長過程中，不也曾經被長輩質疑過：「這不是一看就知道的嗎？你為什麼不認真看呢？」

「發現」好像是那麼的自然而然、卻又不太容易發生的事。這兩句話很矛盾，但卻是真實存在的。

發現源於我們對於未知的覺察，覺察到在我們眼前的人、事、物有些特別之處，

Q

雖然我們或許還無法清楚地描述它，但它的存在引起了我們的好奇，又讓我們有些困惑。這樣的經驗在我們的孩提時代很自然就會發生，彷彿無論是什麼都能吸引我們的注意，但我們只能發現它的存在，卻還沒有能力或沒有辦法理解它的意義。相反的，成年後的我們擁有了知識，即使我們擁有更多理解世界的能力與基礎，卻經常用習慣來面對生活，反而讓發現之路的開啟變得更加困難。

無論是孩童因能力不足難以發現意義的存在，或是成人因習慣阻礙了發現事實的特別，想要引起發現脈絡，最可能的方式就是提問，不管是對他人或是自己的提問，或甚至是自問自答，**提問都能為發現指出一條明路**。

在生活中，哪些情形會引出發現脈絡呢？通常是當周遭出現新的人、事、物，或固定出現的人、事、物有了改變，也可能是到了新的場域或從事沒有經驗過的活動等，總之，有了**變化是引起注意力的關鍵**。在不同時間發生了改變，或因為空間的不同而有了改變，當我們能夠注意到變化，才有機會覺察。

有時候，是孩子發現了改變：「為什麼下雨前天空就會黑黑的？為什麼會突然有雷聲？」有時候則是成人發現了改變：「你看這裡，每一幅畫都有天使，好奇怪喔？」孩子對於自然世界或物質世界總是充滿好奇，成人們卻比較容易被文明世界裡的獨特之處所吸引而留意到變化，讓我們對自己提問，展開意義的探究。

課堂上存在著許多發現脈絡，在安排學生的發現脈絡時，老師必須精心安排合適的事實提供學生探究。**選擇讓學生有感的事實是很重要的，因為意義的產生要有所本，必定要依據客觀事實而來。在學生經過理解、領悟、連結或整合後，最後詮釋自己的發現並形成意義**。

有些被選擇的事實則是連結了學生的過去經驗，老師則會對於經驗中未被注意或被視為理所當然的事實提出問題，比如說，國小中年級在學習「描寫人物的抽象特質」上，老師可能會先從詢問學生開始：「為什麼你會喜歡這部動畫呢？這部動畫有哪些主角？每個人有什麼很棒的特點？可是爸爸媽媽沒有看動畫，你要怎麼向他們介紹，他們才會知道主角很棒呢？怎麼說才會讓爸爸和媽媽也認同呢？為什麼要舉例才有辦法說這些主角的特點呢？」

透過提問，引起學生對於生活經驗的注意，進而反思事物的意義。**老師在學生未注意之處的提問，改變了孩子關注的焦點，使得事實的理解產生新的切入點，那麼距離背後的意義被發現就不遠了**。

有些被選擇的事實則不存在於學生的經驗中，或是單憑過去經驗並無法創造簡明

Q

的發現脈絡，這時候我們可以選擇創造新的經驗，創造可以凸顯意義的事實，而且事實愈單純愈好。比如說，在自然領域的課堂上，老師常常會還原科學家發現科學理論的部分過程，詢問學生：

- **你看見了什麼？有什麼變化？**
- **你發現了什麼規律性？**
- **你覺得會這樣的原因是什麼？**
- **你要怎麼證明你的想法？**
- **你要如何蒐集證據？你從這些資料中發現了什麼？**
- **和你原本預期的結果相同嗎？你要如何描述你的發現？**

讓學生實際經驗一次現象觀察的探究過程：提出問題與假說、變因設計、資料蒐集、分析組織、形成結論，這樣的發現脈絡不僅僅是讓學生形成意義，更在過程中經驗到專家看事情的方式，培養專家解決問題的能力。

老師的提問首先要觸發學生開始關注與探索事實背後的意義，接著引導學生的思考歷程，透過檢視、核對、分析與綜合而形成意義。學生在自我辯證後發現意義，不僅是為了完成老師賦予的任務，更是在解決自己的好奇與困惑。這種探究事理的思考歷程，是隨課程發展而獲得的關鍵學習。

老師連結學生的生活經驗或是刻意在課堂中為學生創造經驗，並針對這些經驗對學生提出問題，學生便可以透過一連串的探究歷程歸納形成新的意義。也許學生還無法運用精準的學術語言或專有名詞來描述自己的發現，但在老師的引導下，會漸漸學習運用較為完整與嚴謹的表達方式，讓學生知道某個意義會連結到某個專有名詞，於是原本抽象且不易理解的生硬用詞就變得清晰易懂了，不僅更容易記憶與不易遺忘，這樣的經驗也將有助於學生後續理解相似的事實，易於掌握意義的發現歷程。

透過提問，讓經驗的討論被定錨與聚焦。如果生活中或是課堂上只是透過知識的傳遞來學習新意義，學生很可能只是知道有這件事情，甚至把老師提供的意義當成事實一樣記憶著，並未能真正掌握意義。

學生要形成新的意義並不容易，因為它對於學生來說往往是陌生的，尤其是抽象的意義就更難被想像與思考了。如果能藉由具體事實的探究，讓思維變成可能，發現就沒那麼困難了。

Q

驗證脈絡

「等一下應該會下雨吧！」

「為什麼？」

「因為春天要判斷會不會下雨，看山頭就知道了，只要山頭烏雲密布，就會下雨了。你看，那邊的山頂都是烏雲。」

生活中有許多如同上述對話的例子，我們總是能依據過往的經驗或一些潛規則，根據事實提出主張。有了事實，也有推論的依據，我們便會判斷這樣的主張應該很合理，甚至是正確的。

如果換成另一組對話：

「等一下應該會下雨吧！」

「為什麼？」

「因為我的鼻子開始過敏了，可見溼氣變重了，要變天了。」

同樣是對於下雨的「預知」，不同的人會根據不同的事實與潛規則進行判斷。然而，生活經驗告訴我們，等一會兒是否會下雨，卻不見得真能如你所料。

雖然連結我們過去的經驗與其所形成的意義可以用來解釋眼前的現象，進一步進行推論與形成主張。但如果大家都是運用自己有限的經驗，將所形成的意義視為常理，則很有可能在面對相同的事情時，出現各說各話的情況，這樣的推論就會變得隨意與不嚴謹。一個可被接受的驗證過程，必然是透過充分的證據觀察，運用已被接受的原則或理論進行嚴謹的推論過程，才能確認事實所代表的意義。

學校的學習過程隨著學生擁有的意義與經驗的增加，課堂中進行的歷程就不完全是發現脈絡了，而會有愈來愈多運用已知產生的驗證脈絡。比如說，學生透過記敘文的學習，已經能夠掌握文體的結構與其溝通目的間的關係，那麼老師就能夠在其他文體的學習上運用這個有意義的經驗。從過去形成的意義切入，讓學生更容易掌握新事實，引出驗證的脈絡。例如老師說：

「大家還記得我們之前學過的記敘文嗎？記敘文有哪些要素？為什麼需要寫出人、事、時、地、物呢？所以一篇文章包含的要素會跟什麼有關係？」

「接下來我們要讀的這篇文章不太相同，你在閱讀的時候除了先讀懂文章要告訴我們的是什麼，接著要想想看，為什麼作者是用這樣的方式進行書寫呢？」

連結已知的意義，擴大意義的內涵，也增加它所包含的事實或是例子。但並非所

Q

有的課堂都能這樣做，要這麼做的前提必須是學生對於已知的意義有充分的掌握，而老師也在過去的學習中幫助學生理解到更抽象的原則。

同樣在教授記敘文時，有些老師會把終點定錨於「理解記敘文的五個要素」，也有些老師隨著學生接觸記敘文的經驗愈多，進而帶著學生發展出抽象度較高、且涵蓋範圍更大的意義，而聚焦在溝通與表達的原則上，使得這樣的經驗未來能夠用來演繹的事實就更多，都能經過驗證的歷程，將新的事實成為新增的一個例子，使得學生對於意義的掌握更趨精準與完整。例如我們會問學生：

「如果我們想要向他人說明一件物品的功能，有哪些事情是需要說明的？」

「如果要說明清楚它為何有這個功能，有哪些部分是需要被了解的？」

「這些部分要怎麼安排次序才能夠清楚說明？」

「如果沒有看過這個物品的人，可能很難只憑這樣的說明就能夠理解，有什麼方法可以幫助他們？」

如果能夠將學生在特定學習階段要習得的事實與意義都做分析，就能知道如何安排這些意義間的發展，幫助學生進行抽象思考，來驗證新事實背後的意義。透過發現新事實的不同特性，用我原來已知的意義對新事實進行解釋，延伸原來理論的解釋範圍，這樣的過程會使得已知的理論更加完備與豐富。

問出意義來

提問要引起何種脈絡，取決於思考者與意義之間的關係，才能決定屬於產生發現的歷程或是驗證的歷程？要進行歸納或是演繹？

在孩子成長的歷程中，成人是主要的提問者。我們不僅要充分理解讓孩子產生「探究」的意義外，也必須清楚孩子已經擁有的經驗，才能引出最容易形成意義的路徑。如果僅需要連結已知意義的經驗就能理解新的事實，就不要大費周章地走上發現的脈絡，從許多事實的觀察、理解、分析與組織，才綜合形成意義。

無論是連結生活經驗或是創造經驗，發現脈絡要引出歸納思考的歷程，形成新的意義，不管是小的概念、再大一些的原理原則，或是更大的理論；而驗證脈絡則要引出演繹思考的歷程，要不斷豐富對原本事物的理解，隨著它的複雜度與豐富度愈來愈高，意義的抽象度與涵蓋性就愈高。

在國民教育階段，多數要習得的意義是經由驗證脈絡而來，如果成人分不清楚，

Q

則在與孩子或學生互動時，就很可能會把每個單元或每個經驗都當成全新的一樣，導致每個意義都是獨立與斷裂地存在著。

提問最終必須要能形成意義，否則問題就會沒有目的，也不會有終點。在安排孩子的經驗時，如果我們更清楚如何運用這兩種脈絡，將使得孩子在許多事實與意義之間的網絡連結更為清楚，更容易進行其他的學習與運用。

提問精要放大鏡

- ▼探索世界有兩種可能：一是去發現新意義；二是憑著過去經驗的延伸，驗證意義的正確與否。這樣的過程會在生活與成長過程中不斷出現，逐漸累積起對於人文與自然世界的認識與詮釋，也學習看待及描述世界的方式。
- ▼不同時空下的「變化」是引起注意力的關鍵，當我們能夠注意到變化，才有機會覺察並展開意義的探究。
- ▼成人是孩子成長歷程中主要的提問者。我們不僅要充分地理解讓孩子產生「探究」的意義外，也必須清楚孩子已經擁有的經驗，才能引出最容易形成意義的路徑。
- ▼選擇讓學生有感的事實是很重要的，因為意義的產生要有所本，必定要依據客觀事實而來。在學生經過理解、領悟、連結或整合後，最後詮釋自己的發現並形成意義。

提問的方法有哪些？

傳統上既定的講課特點，是由教師提出問題，讓學生解答。但這種提問常常以取得答案為滿足，而不是引起疑難，由師生共同討論。

——杜威

要怎麼提問呢？不同的產業或不同領域的專家都會提出自己的提問方式與類型，每一種提問方式的背後都有其哲學與目的，不需要比較孰優孰劣。如果真要談提問方法的好壞，大概就只有使用者用得對不對與好不好。一個好的方法如果被用錯，那就不是提出理論者的錯誤了。就像是不同人參加相同的工作坊，最後運用於各自的工作場域中卻產生出不同的結果，有的人即使學到了方法，卻沒有掌握方法背後的哲理，也可能是又回到一樣的工作慣性，因此實在很難武斷地說是工作坊教的方法無效。

有許多商業管理類書籍都會談到「提問」，看起來業界似乎比教學現場更重視提問，這或許是商業圈的每一個提問都關乎營業額與利潤，使得商業人士更在乎是否能提出好的提問；而在親子教養或課程學習上，即使大家都知道提問很重要，但或許是有太多預設要看見的結果，也或許是對於孩子或學生要學習的意義都太過熟悉，使得提問變成制式化。再加上學生的學習與成長往往不容易快速看到成效，使得我們更輕忽對於提問的琢磨了。

即使不同領域在重視提問的程度上有所差異，但不管是哪個領域，提問的方式其實是大同小異、可以相互流通的，因為大家都是在開展對於世界的探究，所以希望引起的思考、過程或結果都很相近。以下就對於教育現場常運用的提問方法進行討論。

先問「為什麼」

許多人都曾經看到賽門，西奈克（Simon Sinek）在TED上的演說《偉大的領導者如何激勵行為》（*How great leaders inspire action*），他運用了Apple、萊特兄弟、馬丁路德・金等三個例子，來闡述他的「黃金圈理論」（Golden Circle）。所謂的黃金圈理論指的是每一個成功的領導者或品牌都擁有理念與明確目標，就是WHY，這是一切行動的出發點；再者是執行理念的方式以及預定產生的過程，就是

Q

HOW；最後才是期望產生的結果，無論是領導的方式或是商品等，就是WHAT。

這樣的歷程說明成功者與一般人的差異在於，**一般人會先想到要得到什麼結果，便著手展開行動，誤以為結果就是自己所要追求的意義**。而成功者則不然，在他的心中，是理念先行，產生對應的行動，最終呈現能傳達理念的結果。

「為什麼」成為我們在每個重要行動前要問自己的問題。在跨領域課程設計時，要先將課程主題對於學生的重要性放在第一步，換言之，選擇一個主題不是因為老師自己有興趣，應該思考的是：「為什麼學生需要學習這個主題？

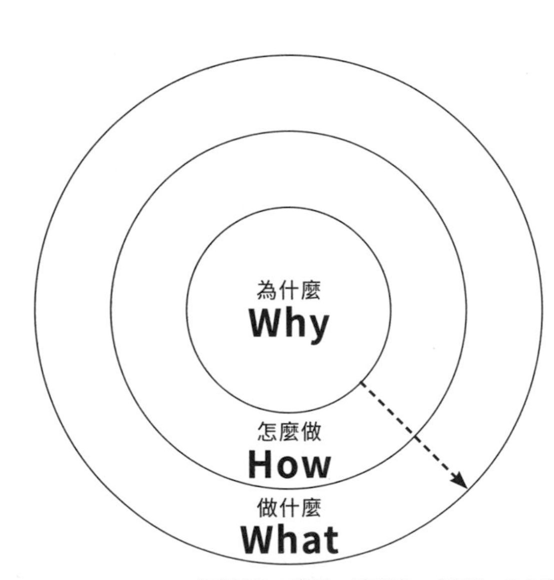

參考資料：賽門．西奈克，《先問，為什麼？》（天下雜誌，2018）

透過這個主題，我們希望能讓學生產生什麼樣的意義？」有些老師設定與地方相關的主題，期望透過學生理解區域文化與人們的關係，建立學生對於區域的認同感，這就是一門課程的設計理念（WHY）。

有了理念之後，接下來就會思考：「應該安排什麼樣的歷程讓學生探究？應該設計什麼樣的問題引起主動的探究？」這些設計過程中的行動（HOW），為理念建立了實踐的路徑。

最後，「透過什麼樣的任務，能夠讓學生在完成的過程產生認同？透過什麼樣的活動與問題解決，能夠讓每一節課、每個單元形成意義？最終學生應該呈現出什麼表現？」這樣具體的表現讓課程理念被真實的傳達（WHAT）。

「為什麼」也在引起學生學習時成為最初最重要的問題。在學生對於事實有基本的理解後，老師提出關於「為什麼」的問題將決定後續討論的焦點，這也同時代表著老師在這個單元教學中的目標。沒有明確的目標，提問難以開展。以「為什麼」（WHY）聚焦學生將要探究的問題，以「如何」引導學生釐清問題（HOW），以結果「是什麼」讓學生呈現想法（WHAT）。例如：「為什麼人口會產生這樣的移動呢？你要如何理解這個現象產生的原因呢？經過這些過程，請提出人口移動的原因是

Q ______________________

____

什麼？」這樣的探究過程常常都不是幾個問題就能夠完成的，過程中需要許多引導，也需要透過許多來回辯證的過程，最終才能找到答案與分享意義。

無論在學校領導、教師社群、課程設計、教學安排或是學生學習，都需要從思考「為什麼」開始，才能有更清楚的行動與更清晰的結果。

問對次序

這些年最流行的提問方式當屬「焦點討論法」（Focused Conversation），大家習慣稱它為ORID：

O，指的是**客觀**，最初的問題是對於客觀事實的觀察；

R，指的是**反映**，對於所觀察的客觀事實產生的內在感受或聯想；

I，指的是**詮釋**，對於事實引起的感受或聯想賦予意義與詮釋；

D，指的是**決定**，對於形成的意義決定要採取的行動。

這樣的提問次序讓人們對於事實的理解，能夠從表面的現象進入事實所引起的內在感受或聯想，進而對於個人的感受或聯想賦予意義，最終將意義連結到過去經驗而產生新的想法，或是產生出未來的行動。如果每一個環節都能相互扣合，以O連結R，以R來定錨I，以I來驅動D，便能夠引起深度的思考，避免在提問時可能出現的隨意或跳躍，讓學生的思考無法連續，不斷被提問干擾，導致思考的結果表淺。

這樣的歷程和閱讀理解的提問歷程很相近，在學生閱讀文本後，老師能以「擷取訊息」的提問來知道學生從文本中獲取的客觀事實，以「廣泛理解」的提問能掌握到學生受到本文的哪些部分所吸引與理解，藉由「統整解釋」的提問則能幫助學生發現這些片段的理解背後的意義，最後透過「省思評鑑」的提

Objective　客觀　對於客觀事實的觀察

Reflective　反映　對於觀察客觀事實而產生的內在感受或聯想

Interpretive

對於事實引起的感受或聯想賦予意義與詮釋

Decisional　決定　對於形成的意義決定要採取的行動

問，促進學生將意義與過去所知、生活經驗或未來行動做連結。閱讀理解的提問，對文本進行有層次的提問，引導學生對於事實背後的意義進行深度思考。

ORID的提問方式在不同的使用情境下，會有不同的設計歷程。面對未知情境時，大家並不清楚最終能形成什麼樣的意義或共識、會做出什麼樣的決定，但最初的事實是確定的，可能是生活或職場出現的某些現象、挑戰或困境，這時會順著由O到R到I最終到D的順序，讓大家掀開表面現象的迷霧，洞悉問題背後真正的原因。但當面對已知情境時，就會像老師設計課程時那樣，已經預先設定學生最終要形成的意義和行動，所以往往會先決定了I和D後，再回頭思考運用什麼樣的事實來開展O和R。

透過有層次的提問，引起深度思考，清楚每個步驟之間的關係，辨識每個問題會引出的階段，才能順利找到焦點。

知識運用

布魯姆（Bloom）的認知目標應該最為教育現場的老師所熟知。認知目標包含六個部分：

1. **記憶**：從長期記憶中提取相關資訊。
2. **理解**：從教學訊息中建構意義。
3. **應用**：在已知情境實現或使用程序。
4. **分析**：解析出整體的部分，並了解部分間的關係。
5. **評鑑**：基於某些標準進行判斷。
6. **創造**：將各要素或原則組合成一個一致性的整體。

不同目標的問題，除了能確認出學生的理解程度，如果運用得當，也能夠培養學生不同的認知能力。

這類提問的難易除了要考慮認知目標外，還要同時考慮知識的向度。布魯姆將知識分成四個向度，依序為：

1. **事實的知識**：需要知道的專門術語或細節，例如課文文意與生字等。
2. **概念的知識**：事實的知識之間的關係或運作方式，屬於分類或原則等。
3. **程序的知識**：關注在完成事情的方法或技巧等。

Q

4. 後設認知的知識：是四種知識之中較少被培養的知識，因為它不屬於任何特定科目，是通用的能力，屬於一般性的認知知識和對自我認知的察覺等。

提問設計可以透過將認知目標與知識向度的組合，產生多樣的問題，分別確認學生對於不同知識的理解層次。這樣的方式能幫助我們在提問時有檢視與反思的項目，避免都是對於事實的知識進行提問，也避免都在進行記憶或理解的提問。這樣的方式也能讓我們規劃提問要引起的過程，想像學生在解決問題過程中到底啟動了什麼樣的認知歷程，到底需要回答哪一類問題的知識。

值得反思的是：在我們的教學中，是否觸及高層次的知識與認知能力？如果一直因學生能力不足而捨棄高層次的知識與認知學習，那麼學生的認知層次終將很難有所提升。因此，如何依序為學生安排認知能力的發展，就是老師在安排提問時需要精心設計的重點。

布魯姆的認知目標可以提醒我們，對於一個事實進行由淺至深的提問，從記憶事實到理解意義，到運用意義來解決問題，甚至是評鑑與創造的任務，就能夠幫助學生有能力完成難度較高的事情。過程中，搭配著掌握事實的知識與獲得概念的知識，並在解決問題過程中運用程序的知識，以後設認知的知識來引導自己運用策略與監控思考歷程，**創造出這樣真實的歷程，才能讓「知識的獲得」與「認知的發展」同時實現**。

以終為始

課堂中要提問並不難，隨口都能問，但如何問到核心而非細節，就必須先確認：我們是否釐清了核心概念。每個現象或問題的探究都有要發展的核心概念，美國的教育專家威金斯（Grant Wiggins）與麥克泰格（Jay McTighe）於一九九八年提出「重理解的課程設計」（Understanding by Design）中提到「大概念」（Big ideas），它是學科內容的「核心」概念，具備可遷移到其他學科或主題的特質，可以有效連結學科內容的事實與技能，因此學校教育不應該將教學的重點放在枝微末節的事實記憶或理解。

時至今日，這樣的想法更顯得重要，因為事實知識與日俱增，**人類不再只是使用知識的人，而是洞察事實背後意義（核心概念）的人**。唯有讓學生掌握意義（原則），才能不被事實干擾判斷，更積極的是使他們成為發現意義的人。

核心問題是為了引起對於核心概念探究的問題，因為核心概念的意義對學生來說

Q

並不總是顯而易見的，直接揭示意義並不能確保學生的理解，它的意義是由學習者在老師精心設計的學習體驗中一步步發現、構建或推斷的。因此，能否提出一個好的核心問題，重點在於能否找到一個合適的事實，並以理解這個事實為起點，展開一個看似容易卻很深入的歷程。

舉例來說，當我們問：「桌子上的杯子為什麼會靜止不動？」或是刻意改變環境條件，進一步問到：「要如何讓桌子上的杯子靜止不動？」一個看似容易且開放的問題，有著各種可能的思考歷程。當學生在提出想法的同時，我們必須不斷地支持證據和正當理由，甚至衍生許多更深入的問題，直到他們發現了「平衡」的意義。這樣的提問培養了學生思考意義的習慣，也培養了他們探究世界的素養。

理解提問才能學好提問

綜合上述這些常見的提問方式，如果要將提問運用於孩子或學生的發展上，我們可以發現這些提問的共同點包含：

1. 有清楚的目的：提問最終要產生的意義是什麼，無論是黃金圈的理念與目的（WHY）、焦點提問的意義，或是以終為始的核心概念，**如果不知道探究的目的，也就不需要展開探究的旅程**。

2. 有合適的事實：提問是為了引起思考，形成意義。意義不可能憑空出現，只能透過合適的事實為媒介，藉由對於事實的抽絲剝繭，才能發現其中的意義。

3. 有層次的發展：提問不只是引起思考，更要是有層次的思考，讓人們的理解逐漸由具體到抽象，能引出這樣思考歷程的提問，才能讓意義順利形成。

提問的成功與否，關鍵不在於是否用了某種特定的方法，而在於能否理解這些方法背後的理論基礎。我們應當學習的是這些方法在發展時的考量，幫助我們知道提問的過程中，有哪些是需要思考的重點。如果只是一味的模仿與使用提問的方法，那麼就算有再好的方法，都有可能被誤解或錯用。

Q

提問精要放大鏡

▼不管是哪個領域，提問的方式其實是大同小異、可相互流通的，因為大家都是在開展對於世界的探究，所以希望引起的思考、過程或結果都很相近。

▼凡事都需要從思考「為什麼」開始，才能有更清楚的行動與清晰的結果。

▼無論何種提問，都應當有清楚的目的、選擇合適的事實，透過提問以引出有層次的思考。

▼提問的成功與否，關鍵不在於是否用了某種特定的方法，而在於能否理解這些方法背後的理論基礎。

HOW

問「提」篇

如何提問？

父母與老師是孩子成長過程中重要的陪伴者，更是重要的提問者。

透過提問，我們能讓孩子更仔細地探索自己的好奇，思考現象背後的意義。透過提問，我們還能讓孩子看得更廣泛、更深入，運用提問成為探索世界的另一雙眼睛。

提問不僅是要取得答案，更要取得有意義的答案。掌握好每一次提問要發展的「關鍵理解」，才能讓提問不流於發散，不只是停留在事實的理解，更能聚焦在深層的意義。提問也要有次序地引導孩子思考，不僅有助於孩子進行探究，更間接培養起嚴謹的思考習慣。

「關鍵理解」如何決定？

目標對了，就已經成功一半。

——林肯（Abraham Lincoln）

當你拿到一個新的教材或單元主題，你會思考哪些事情？是教什麼？還是怎麼教？在回答這些問題之前，我們首先應該先思考的是，這個單元在這個學科的定位是什麼？為什麼會有這個單元？如何帶領學生透過這個單元的學習，掌握這個學科思考世界的方式。如果這個世界被切分為這麼多個學科領域，那就表示這些區別必然具有很明顯的差異性與獨特性，那麼孩子在面對它們時需要掌握的是什麼？我相信沒有任何一位學科專家，會以一些細碎的事實或概念當成自身學科最重要的學習內容。

每一個學科都有其本質，無論是追求的態度價值、特有技能，或是相關的知識，如果我們希望能夠理解這個學科，並有助於未來的學習或生活上的運用。那麼，每一個學科最關鍵需要掌握的內容是什麼？就像我們常說「隔行如隔山」，又或是過去的師徒制，要能夠學會其他行業的訣竅，絕不是表面上看到的那麼簡單。什麼樣的內容該帶入課堂中，我們又希望在每個單元或每節課的最終，讓孩子能夠獲得些什麼，什麼才是一個學科、一個階段、一個單元、一堂課要讓學生掌握的關鍵內容？這些都是在教學前需要深思的重要問題。

決定重要的學習內容

我們要如何決定一堂課的重要內容呢？有些人會參考教師手冊，有些人會自己分析教材，有些人則是憑著自己的經驗。不過為了避免自己過去的經驗或是慣性影響了重要內容的決定，我會建議大家參考教育主管機關頒布的「課程綱要」或「課程標準」，幫助自己了解學生過去曾經學過什麼，而這個階段預設學生要學習的是什麼，哪些知識、技能與態度則是下個階段才要學習的，避免讓學習的安排失焦。

重要內容的決定會受到學科特質的不同而有不同的次序。我們可以簡單地將學科分為兩大類：一類是受文本影響較大的學科，例如語文；另一類則是學科知識結構較強、較不受教材差異而影響的學科，例如自然科學。是否受文本影響還會因著學習階段而有差異，例如國小階段的課程教學與學生學習都比較依賴教材，因此如何妥善分析與運用教材就更為重要。依據這樣的分類，以一個完整的單元或一篇課文為單位。接下來，我們就來談談如何決定課程的重要學習內容。

● 文本依賴較強的學科

如果是文本依賴較強的學科，第一步當然是要閱讀與分析文本，從文本中找到需要學習的知識。有些是文本內關於事實的知識，有些則是分析後提取出的概念。以國小社會課程為例，課文中可能會透過舉例來說明一個概念，例如「家鄉特產」的單元，課文中舉了池上稻米、美濃油紙傘、金門菜刀等為例，來說明特產的類別，這時候哪些會是被選擇的重要內容？有些老師認為記住例子很重要，也有些老師覺得不需要，到底我們該如何判斷什麼才是學生一定要學習的事實？

要回答這個問題，或許我們要先回到一個更基本的問題，那就是：學習事實是這個單元的目的、或是其中一個目的、或只是達到目的的路徑？有時候事實確實是預定要學會的內容之一，像是語文科的生難字詞，或是自然科學的元素符號；但有些時候則不一定。就像家鄉特產，每個版本的課本分別舉了不同的例子，如果例子真的重要

Q

到必須記住，那版本間又怎麼會出現差異？因此，從這些內容中提取出所代表的意義，才是這個單元真正需要學習的內容。

●知識結構較強的學科

知識結構較強的學科又會如何開始？我想即使不看課本，教授這種類型學科的老師都能提出該單元需要學習的內容，教材則可提供相應事實的例子。這種學科的內容大多是以抽象概念為主，比如說國小自然的「燃燒」單元，我們馬上就能想到可燃物、助燃物與燃點三個概念，至於事實的例子則可能會運用課本中的範例、老師習慣使用的例子或是學生的生活經驗。如果是中學階段的概念分析還常出現一種情形，那就是直接將考試常考的內容或題型列入重要的學習內容，然而這是很危險的，因為該被納入的並非是考題或如何解題，而是要將這些考題的重要概念放在整個單元的知識網絡中思考，這樣才能夠建構出知識網絡，而不會淪為片段的學習。

總之，無論是哪一種類型的學科，老師在思考自己認為重要的學習內容後，更重要的是透過參考各學科的課程綱要來幫助自己確認與對焦，也可以從各項條目中確認哪些事實是真的需要記住的，而哪些事實則是用來幫助學生發展出抽象概念。

分析知識的屬性

寫下教材中的重要內容後，接下來就是要區別這些內容的屬性，以便思考這些重要內容在學習發生的次序上應該是何種關係，又該如何安排。

布魯姆的四個知識向度在分析重要內容屬性上能給予我們很好的提醒，他將知識區分為「事實的知識」、「概念的知識」、「程序的知識」，以及「後設認知的知識」。在學科學習上通常會涵蓋前三者，最後一項因為是通用的能力，如果沒有特意安排便會被忽略，因為它並不是特定學科需要「負責的」。對於知識做這樣的區分，並非要複雜化知識內容，而是幫助我們理解：在學生面前呈現的內容其實是有不同屬性的，不同的知識有其習得的適當情境，要能夠掌握知識的屬性，才能做合適的設計。接下來，我嘗試著用比較簡單的方式來說明這四個知識向度：

1. 事實的知識

是學科的基礎知識，像是字、詞，或是一些專門術語，又像是元素符號、四則運算的符號、化學反應方程式的表示符號等。這類事實是形成意義或溝通意義的元素，

Q

會在不同的學習階段成為重點，但如果僅僅是記住，並非真的理解意義，那樣並不能算是真正掌握了事實的知識。

2. 概念的知識

是學科事實所代表的意義，就像「因為」是事實，「連接詞」是概念，這個概念所代表的意義是：連結不同語言單位間的詞彙，並構成語言單位之間的邏輯關係。但有時候我們可能只告訴學生**概念的用詞**，卻沒有讓他們清楚掌握**概念的意義**。

有些學科在探討完事實後，很有可能只會歸納出意義，並沒有特定用詞來代表，有些時候我們會在課堂中創造一個師生可以相互溝通的概念用詞來代表，就好像每個群體都有相互溝通的用語，如此便於後續討論與對話。概念用詞如果沒有辦法對應到所指稱的意義，那麼這個詞也就沒有記住的價值了。因此，這個詞不僅包含意義，更包含符合這個意義的許多事實，也同時包含這個概念用詞建構時的經驗。這就好比我們在語文課程中安排學生學習各種修辭法，但僅僅是讓學生記憶住特定的事實以及代表概念的詞，卻沒有讓學生真正在經驗中感受到這種修辭法帶給讀者的感受，那麼我們很難判斷學生是否真的理解此種修辭法。

3. 程序的知識

是關於學科技能的相關知識，包含規則、技術、運用時機等，往往會同時包含事實的知識與概念的知識。比如說顯微鏡的使用，不僅要認識顯微鏡的相關元件（事實），還要理解顯微鏡的原理（概念），才可能知道在遇到特定情形時，如何運用對於原理的理解，操作特定的元件來達到使用顯微鏡的目的。僅僅是知道事實的知識和概念的知識並無法產生「程序的知識」，要清楚運用此程序的目的才能進行判斷，也必須真正操作過才能在真實情境中依據判斷結果來因應。所以，如果要能夠真正習得「程序的知識」，就必須對於事實與概念有好的掌握。

4. 後設認知的知識

是跨越不同學科的通用知識，與學習方法與思考技巧有關。例如根據問題決定合適的策略、自我監控等，這類的知識最常在課堂中被忽略，因為無論師生都容易聚焦在學科知識的學習，而忽略了培養學生能促進學習的方法與習慣。

Q

組織知識間的關係

在分析完一個單元後就會發現，有很多內容是我們可以教給學生的，可是如果重點太多，最終在學生的感受上，反而就變成「沒有重點」了，因為並沒有特別被凸顯出來要形成的意義。因此，在分析完重要內容的屬性後，接著我們就要分析內容間的關係。

為什麼要分析內容間的關係呢？因為同一個單元中的各種知識不是分散存在的，必然是互有關聯，才能形成脫離事實之外的抽象意義。梳理上述的分析結果，將事實間、事實與概念間，以及概念間的關係連結清楚，並用圖像或文字表達。過去常用的方式是概念圖，以圖像呈現概念間的關係，運用箭頭將不同項目連結，並於箭頭上方說明連結的關係。

透過關係的連結，建立事實與概念知識間的層次，檢驗概念間的關聯，讓知識間的意義被洞察，得以外顯且被組織，呈現抽象的概念網絡。這可作為我們在課程設計時的引導，運用這些層次與連結關係，來安排概念發展的次序與任務，創造具有系統性的概念架構。從這樣的網絡中，我們可以經由對各種知識與其關係的詳細論述，進而可提取或建構出「關鍵理解」。

從分析中看出關鍵

完成了上面的選擇與分析後，我們必須要選定這個單元最關鍵的重點要放在哪裡。為了便於溝通，我將老師**在思考過單元特性與學科本質後，設定學生於該單元將習得的抽象度最高、涵蓋性最大且可遷移的意義稱為「關鍵理解」**。使用「關鍵」一詞，代表學習內容中最重要的部分，而「理解」一詞，則是表示真正能掌握與運用事實後的原理原則，並能辨識出符合這個原理原則的事實。

有一次，我陪一位老師分析一篇課文〈孫悟空借芭蕉扇〉，這篇文章不僅描述孫悟空與鐵扇公主借芭蕉扇的緣由與經過，比較特別的地方是文章中標示出第一幕、第二幕、第三幕與第四幕，每一幕開始都有一段描述，描寫著事情發生的地點與相關人物，並在每個人物的名字後方都注明其表情、動作以及對話內容。很明顯的，這篇文章不是故事，不是小說，也不是單純的記敘，而是劇本。

分析課文時，我問老師：「如果是劇本，在國語文課程中最關鍵的是要讓孩子學

Q

會什麼？掌握什麼意義？為什麼劇本需要寫這些？誰需要讀劇本？這樣的表達要達到何種功能？」

很多老師經常疑惑：「在規劃這樣的課程時一定要讓學生們演戲嗎？」要回答這個問題，就要看你如何設定「關鍵理解」。

如果是掌握劇本的表達結構與溝通功能，那麼或許不用演戲，更能符合學習的目的。例如我們可以安排學生一起讀劇本，分別擔任不同的角色，有的人是旁白，有的人是負責道具與布景的，有的人是負責催場與控場，有的人是演員。大家透過讀劇本，確認自己所負責的部分，一起實際走一次流程。

因此，重點不在演戲達成的效果，而是了解劇本為何會是這樣的表達方式，又能促成了什麼溝通的意義，進而了解到，每一種應用文，都用於不同的情形與需要，學生如果能產生這樣的體會，未來就能遷移與延伸到將來學習其他種類的應用文，能夠更有效的思考與了解到課程背後的「關鍵理解」。

如果能夠掌握課程單元的「關鍵理解」，不僅讓各種重要內容間的關係更清晰，也更知道這些知識的學習最終要引導至何種發現，形成什麼樣的理解，那麼教學流程的邏輯將會更加順暢。

既然「關鍵理解」的存在對於課程教學與學生學習這麼重要，那麼該如何決定呢？一種方式是分析該學習階段學生應該要掌握的意義，以及這個單元最能夠實踐的是哪個部分；另一種方式是分析這個單元在學科的定位，涉及哪些學科的知識、技能或態度，以及在學生所處的學習階段下，這個單元需要實踐的是哪個部分？前者出現在相對依賴文本或以能力學習為主的學科，而後者則是知識結構較強的學科。

「關鍵理解」不能只是用一個名詞來代表，我們常會遇到能記住與說出專有名詞的孩子，甚至還能背出老師提供的定義，但卻無法在真實情境中發現這個「關鍵理解」的存在，甚至在解決問題時，也無法判斷出應該運用這個「關鍵理解」的意義來選擇策略、安排步驟、預期與評估結果。

因此，**「關鍵理解」必須是對於意義的一段完整說明，不是由老師提供，而是由學習者綜整探究的發現，並以他們的語言層次做的說明。**

「關鍵理解」最常見的決定方式有兩種：

● 方式一：由上而下

對於文本或概念的掌握清楚，可直接決定「關鍵理解」後，再分析習得「關鍵理

Q ______________________

____

解」的過程需要習得的具體事實、抽象概念等。

比如說，綜合領域在國小階段談壓力的自我覺察，有些老師在還沒有閱讀課本與課程綱要的資料之前，便依據經驗決定「關鍵理解」是從情緒反應找出引起情緒的人、事、物，並釐清人、事、物對於自己的影響；當定下「關鍵理解」後，便可以開始設計課程，安排教學活動與提問。

● 方式二：由下而上

先對文本或概念進行分析，再藉由具體事實與抽象概念的分析，提取出抽象度最高、可遷移的「關鍵理解」。同樣以國小階段的綜合領域課程為例，有些老師會在閱讀完教材中所呈現的事實與課程綱要的資料後，思考這些資料之間的關係，決定「關鍵理解」為覺察與辨識自己情緒的變化，並以正向態度與思考來面對。

「關鍵理解」的決定取決於學科的專家思維與學生的發展階段，多數情形下，我會建議運用方式二，透過前面提出與解析「關鍵理解」，才能避免因為自己的自動化或是習慣，而框限了發現其他結果的可能。

思維形成想法

當我們直覺地說出：我認為這個單元有哪些事實與概念是學生需要知道的，接著，**我們必須不斷地反思與問自己這些決定的原因，就如同一個好奇的孩子，想要知道我們說出這一切背後潛藏的真相**。這樣的提問引出了我們對於潛藏在其中的連結關係，並思考最終意義的提取，就如同組織重要內容時所提到的，那些內隱的知識在我們不斷反思的過程中被洞察與揭示。這些內隱的知識是我們已經自動化的歷程，因此會將事實到意義間的連結視為理所當然，卻忘記了那是因為我們已經熟悉且熟練，但對於學生來說並非如此。

如果要從分析事實與意義間的關係進到提取出「關鍵理解」的過程中，需要經歷什麼樣的思考歷程？想一想，你的腦中正發生了什麼樣的思考歷程。反思我的思考歷程，我會問自己以下七個問題來釐清學生該習得的「關鍵理解」：

1. 學生應該要學到什麼？

2. 學生為什麼需要學到這些內容？

Q

3. 這些內容為何同時出現在這個單元？

4. 這些內容之間有什麼關係？

5. 這個學科為什麼需要學習這個內容？

6. 最終要學生掌握到的「關鍵理解」是什麼？

7. 這些事實與意義該如何安排次序，才能讓學生探究而發展出「關鍵理解」？

透過這些提問，幫助我們更清楚內隱的知識與各項內容間的連結關係，這些關係正代表著專家理解世界的視角與思維，卻不一定會在課堂中出現。因此要讓學生更容易理解學科，並非只是讓他擁有很多概念知識，更應該讓他擁有領域的思維模式。

概念和思維分別指的是什麼呢？這些詞我們用得很自然，卻理解得很有限。概念是將屬性相同的事物集合，說明**這些相同**所代表的**意義**，以一個名詞來表示它，給予這個名詞共通的定義。概念在學習者的腦中**形成**，「形成」意味著是對於所見所聞有了想法，經由辯證確認其邏輯性，以及和過去所知之間的一致性與合理性。

換言之，**「形成」是無法僅僅透過他人的說明就能完成，自身的思維歷程才是將事實與意義連結的黏著劑**。思維是認識事實的理性階段，事實包含物件、事件，可能是人，也可能是事物。我們對於事實的認識必定起於感性的基礎，這裡所稱的「感性」指的是什麼呢？眼前的事實有許多訊息，但什麼引起了你的感受與感覺，就決定了你將繼續觀察與思考的是什麼，這個對事實的感受與感覺就是前面所稱的感性，這不是一個需要充分確認與理解的過程，這只是一個覺察的過程，即便還不知道是什麼或為什麼，但我們已經在感性上發現到它的存在。

以「感性的發現」為基礎，接著便會展開了「理性的探究」，我們會觀察引起感受的那些事實，分析為何引起這樣感受，釐清與形成意義。例如生活周遭充滿了各種聲音，多數聲音會被我們所忽略，但仍會有些聲音引起了我們的好奇，有可能是因為這個聲音讓我們感到熟悉，聯想到應該是發生了特定事情；也有可能是因為感到陌生，讓我們感到困惑，想知道究竟發生了什麼事。

無論是哪個情況，我們會進一步觀察與蒐集足以提供我們聯想或判斷的訊息，一旦訊息連結到過去的經驗，如果是相同的情形，這次的探究就此結束；如果不是相同的情形，我們會連結到條件最相近的經驗，並給予一個暫時的想法，接著蒐集更多訊息來確認或證明這個想法是合理的。我們的腦中對於這個想法與事實間進行來回的辯證，確認並形成意義，最終便能以此構成對於命題的判斷、推理和論證。

Q

專家思維讓關鍵清晰

如果說每個人都能在感性的基礎上對於事實進行理性探究，那麼「關鍵理解」的形成應該不是難事才對，也就沒有學會或學不會的差別，但真實的情形卻不是如此。就算對於事實產生感受或感覺，也會因為沒有產生「理性」的探究歷程，以及過去經驗的「聯想」，而無法形成學科的意義。

課堂中的理性探究歷程可以透過老師的提問來引導與發生，但是否能夠產生有意義的聯想，就要取決於過去的經驗是否有意義，可以讓學生不受到事實表面所干擾，進而能洞察事實背後的意義。

無論是要引起的歷程，或是要產生的聯想，共同之處是必須能夠展開專家的視野與視角，能夠看出事實所在的時間、空間與範疇，並根據學科關注的視角，看出視野內各項訊息間的關係，連結這些關係而形成意義，這也就是「專家思維」。

如何才能夠在課堂中形成「關鍵理解」並經歷「專家思維」？

首先，我們應該先找出自己對於該單元所設定的「關鍵理解」，並且後設分析去了解自己是如何看到這樣的抽象意義，將從事實看出意義的歷程次序整理後，便能夠發現這樣的「關鍵理解」是透過何種思維而形成的。

比如說，我們常常看到課程計畫上寫著：「課程目的是要讓學生學會團隊合作」，那麼首先我們要問的是：這裡所指的「團隊合作」是什麼？必須先確認看待這個名詞的視野，界定好要涵蓋的時空或範圍。

接著繼續詢問：要以何種視角來形成意義，是團隊的分工？還是團隊形成的意義？又或是團隊的互動？不同的視角將影響著哪些事實會被納入探究的歷程。

如果是團隊的分工，那麼要談的是一個團隊為何需要分工？還是要談分工之間的關聯？如果談為何分工，那麼要探究的是否是一個團隊形成的目的，以及要達成這樣的目的需要的結構，如果是，這時我會設定「結構與功能」的思維，將概念更精準地書寫為「團隊組織」，而非模糊的「團隊合作」。

如果談的是團隊分工之間的關聯，則要探究的是成員間與不同工作間的相互關係，該以何種方式進行互動。想要帶出的視角是：到底要怎麼跟別人合作？你跟夥伴在合作時，你要怎麼對話？怎麼傾聽？我到底要怎麼跟我的夥伴互動？這麼一來，「互動關係」則是我們期望引導的思維，「團隊互動」將成為這個視角下更精準的描述方式。

Q

此外，相同的主題會因著學生發展階段的不同，課堂中也將帶領著不同深度與複雜度的思維歷程，讓孩子隨著年紀能夠經由不同的思維，形成不同意義的「關鍵理解」。就像「自然科學」這門課，在孩子不同的學習階段都會學習「彈簧」這個主題，小學時會讓學生觀察彈簧受力後的規律變化，力氣愈大，伸長愈大，聚焦在規律**模式**的思維；等到學習階段再長一點，還會繼續學習「彈簧」主題，但探究的是隨著不同大小的力量改變，彈簧的伸長量變化是多少，於是在國中開始就有「虎克定律」（Hooke's Law）的出現了。

在不認識虎克以前，其實孩子就知道砝碼掛得愈多，彈簧會拉得愈長。因此，同樣是自然科學的主題，從國小到高中都在教，到底差別在哪？就在啟動的專家思維不同。我們要帶孩子看的深度與複雜度就不同，從觀察規律性，歸納出**模式**，到找出**關係**，甚至到後來進入到關於力的**系統**與**模型**。

我們期望孩子最終要學習的「關鍵理解」是什麼？又希望發生什麼樣的思維歷程？當我們採取不同的視角，就會開展學生不同的思維歷程，也將會帶出不同的意義。因此，我們在課程設計的過程中，更要找到讓孩子有感的事實作為切入點，讓探究可以發生，思維可以引出，意義可以形成。

在過去的課堂中，總把焦點放在如何讓學生獲取知識，卻忘記如果學生無法知道這些知識是如何被產製的，不了解這些知識背後專家學者們是用什麼樣的角度看待與詮釋世界，那麼學生將永遠不得其門而入，也永遠都需要老師的轉譯。老師不可忽略一個最關鍵的問題：**唯有當學生能夠掌握思考世界的方式，才能算是真正擁有理解世界的那把鑰匙**。

或許仍有人會懷疑這樣做的必要性，為什麼我們要追求「關鍵理解」？因為事實的知識與日俱增，人類不再只是使用知識的人，而是洞察事實背後意義的人。掌握意義，才能不被事實干擾判斷，更積極的是，你將成為發現意義的人。

正如杜威在《我們如何思考》曾經說道：

> 智識的學習當然包含訊息的累積和記憶。然而，如果訊息不能被理解，也只是不被消化的負擔……而理解就意味著抓住了所獲得的訊息不同部分間的關係。只有在獲取知識時持續不斷地進行反思，不斷思考所學的意義，才能獲得這樣的理解。

如果學習能夠超越文本或素材，不只停留在事實層次，就能從事實的探究過程中反思、並產生深刻的理解與意義，成為我們理解世界與未來持續學習的意義資本。

Q

提問精要放大鏡

▼ 如果這個世界被切分為這麼多個學科領域，那就表示這些區別必然有很明顯的差異性與獨特性，那麼在選擇孩子的「關鍵理解」上，就必須能回應這樣的差異。

▼ 透過不同知識的連結，建立事實與概念知識間的層次，檢驗概念間的關聯，讓知識間的意義被洞察，得以外顯且被組織，呈現抽象的概念網絡，運用這些層次與連結關係，來安排概念發展的次序與任務，創造具有系統性的概念架構。

▼ 釐清知識間內隱的連結關係，這些關係代表著專家理解世界的視角與思維。如果要讓學生更容易理解學科，就應該讓他掌握領域的專家思維模式。

▼ 教師要將建立「關鍵理解」與培養「專家思維」作為課程與教學設計的兩個重點。事實的知識與日俱增，人類不再只是使用知識的人，必須成為能夠洞察事實背後意義的人。

「關鍵理解」如何探究？

智慧乃探究事物緣由之領悟。

——西塞羅（Marcus Tullius Cicero）

課堂中讓學生掌握意義有兩種歷程：一種是「教導的歷程」，意思是指我先告訴學生結論，讓他們用例子進行驗證或直接拿去應用。另一種則是「探究的歷程」，意思是指我把教導歷程中最後的例子當成被探究的事實，讓學生透過提問與引導的歷程，發現原本「教導的歷程」中被老師說明的結論。簡單地說，上述兩種歷程的差別在於，將例子（事實）和結果（意義）在學習過程的登場次序中予以調換。

過去老師的教學很習慣用「教導的歷程」直接教給學生理論或概念，再告訴他們這些概念是要用在哪裡、可以怎麼解釋或是如何使用。而「探究的歷程」則是從對例子與事實的分析，進而發現與形成這個理論。兩種歷程在運用的素材上並沒有太大的差異，但為何只是調換例子和結果的順序，就會對學生的學習有明顯的影響？

我們先停下來想想，到底各領域專家是如何形成新概念的呢？比較像是上面提到的「教導的歷程」或是「探究的歷程」？答案明顯為後者。因此，如果希望引起學生經歷如同專家探究的歷程，便需要透過教學設計安排相關經驗，提供有助於形成概念的提問與引導。既然前述兩種歷程的差異來自於例子（事實）與結果（意義）的次序，那麼我們就先來談談事實與意義。

事實對於意義形成的重要性

對一個非學科專家來說，要能不透過事實而憑空產生意義並不容易，因為如果沒有對當下某個事實進行探究，或沒有連結某個經驗中的事實，我們便不容易形成意義或連結到意義。身為父母或老師平時在做的事情，其實就是將孩子或學生所看見事實或發生的事件，與這些人、事、物所代表的意義之間做連結。然而，我們要怎麼樣讓真實世界的事實能夠跟背後的意義產生連結？

事實在意義形成的過程是很重要的。在第一篇裡，杜威所提出的「反省思考」五階段，就可用來說明事實在形成意義時的作用。

第一個階段是發現自己被眼前的現象困住，引起了我們的好奇或困惑，進而停下來思考：是什麼困住我們？不是眼前令人陌生又好奇的人、事、物，就是出現與過去經驗不同而使我們困惑的情形，其中那個讓我們困住的「事實」，對於展開意義的探究是很重要的。

第二個階段便要確認是什麼問題。我們已經覺察困境的存在了，雖然要確認的仍是與第一個階段同一個事實，但為了確認問題，我們需要蒐集更多的訊息。通常在第二個階段因為要確認問題，我們的腦中會開始搜尋著是否在過去有相同或相似的經驗，是否有相同的或是有無相似特性的**過去事實**，可以幫助我們了解現下這個訊息不完整的**現在事實**，經過不斷地聯想與比對，直到可以對被困住的情形做出清楚的說明。這也同時進到第三個階段，對於現在事實形成一些相對合理的暫時想法，等待進一步確認。

第四個階段便開始對於這些暫時的想法進行驗證，確認哪一個想法最合理。如何確認？當然還是要看哪個想法用來解釋現在事實是最合理與完備的，如果這個想法是對的，很可能就會看到事實出現的周邊有某些現象，或是能預測將要發生**未來事實**。

第五個階段則確認了最合理的想法，也就是意義，便可以用這個意義來解釋、預

Q

測或推論各種特性或屬性相符的事實。

從以上的歷程我們能發現，事實在意義形成的歷程與結果都扮演著重要的角色，不僅是一個起點，也決定了探究的下一步，還是確認合理與否的依據。每一個領域，每一個學科，針對同一個事實，會因著關注不同的範疇，有不同的視角、不同的焦點、不同的思維，而帶出不同的意義，透過日常生活或課程設計時的提問，就是不斷地處理事實跟意義之間的轉換。

事實與意義的關係

意義是什麼？意義通常是一段完整的論述，會以一個名稱或符號來代表，在學術情境裡，意義就像是這個代表名稱的定義一般地存在著。就像是新冠肺炎疫苗接種時廣為人知的「中和抗體」，中央研究院曾特地撰文說明：

抗體（antibody）是免疫系統用來對抗外來物質（如：細菌或病毒）的蛋白質。人體被病毒感染或施打疫苗後，會產生抗體來抓住這外來異物。每支抗體會抓住異物不同部位，若抗體抓對位點，便能阻止病毒（或其他異物）入侵細胞，進而保護細胞不受病毒入侵。由於此類抗體能「中和」病毒的毒性，所以稱為中和性抗體（neutralizing antibody）。

簡言之，中和抗體就是免疫系統用來對抗外來物質的蛋白質，可以中和外來物質的毒性。在這個例子裡，人們是先發現現象背後的意義，還是先有這個名稱呢？答案很明顯，如果沒有對於一連串事實的覺察、觀察、分析與推理等，便無法理解這一連串作用背後的意義，無法形成明確的意義，當然也不需要用一個名詞來代表這個現象與意義了。這樣我們就知道意義先於代表它的名稱，但如果沒有這個名稱，我們也難以與他人溝通與運用了。

除此之外，我們還會發現這個名稱不只是代表了意義，也包含符合這個意義的事實或現象，如果符合此意義下的所有真實事物，也都被包含到這個意義之中，當我們想起這個意義，也同時會聯想出符合它的相關事實。例如我們談到記敘文，根據「國語文教學資料庫」網頁的定義是：記敘文「主要包括『記』和『敘』兩個方面，『記』即是記載人、事、物、景的靜態，亦即『描寫』；『敘』是敘述人、事、物、景的變

Q

化和發展，亦即『敘述』。」因此，只要是符合這樣定義的文本，都能算是符合它的一個事實，無論它是借景抒情、或是借事說理等，都屬於記敘文。

可能有人會提出質疑：有些文本很難區分屬於抒情文或是記敘文，所以不該將文本做這樣的區別。記敘文有其完整的論述，當討論記敘文時舉出相關文章來做為其例子時，則僅是強調這些真實事物符合意義的部分，不談這些真實事物的其他部分。我們**藉由事實來探討特定意義時，都是只以某種視角切入，只凸顯出我們想要看到的，啟動「專家思維」以形成意義，這樣的討論並無否定其他意義的存在**。

我們再從另一個面向來思考意義與事實的關係。

當我們在不同的情境下與相同的事實產生互動時，事實會被凸顯的特性就不同，因而可能會形成不同特性的意義。杜威就曾經將意義分為三種，分別為：「指稱的意義」、「說明的意義」和「科學的意義」。

指稱的意義，代表的是要親身體驗過才能領會的，就像是顏色，我們要真的看過黃色，才能知道什麼是黃色。

說明的意義，代表將已經熟悉的意義相聯繫，而能在所處的新情境中獲得的意義，就像是如果你已經看過黃色與紅色，我可能會告訴你：「橘色就是把黃色和紅色混在一起的顏色，剛好介於兩者中間。」我們不需要真正體驗，透過已知的說明便能夠意會。

最後一種是科學的意義，這個說法應該會讓人以為指的是科學嗎？其實不是，科學的意義是指透過因果性、相關性或其他關係的確定來決定事物意義，也就是不只是體驗過，也不是透過說明來意會，而是經過驗證過的嚴謹意義。

比如說「借景抒情」，一種掌握意義的方式是看見一篇符合條件的文章，被告知這就是借景抒情，我們心裡會有：「原來這就是借景抒情喔！」另一種掌握意義的方式是對於已經理解記敘文與抒情文的人，告知他所謂的借景抒情就是符合記敘文要素，內容是描寫景色來表達情感，藉此說明來意會借景抒情的意義。最後一種掌握意義的方式是閱讀文本，指出段落大意、段落間的安排與全文的主旨，提出文章想要傳達的意義，分析文章的意義是如何被建構的，透過何種表達形成，不只是知道它的形式，更是理解為何是這個形式，又為何需要這樣的形式。

第三種意義的掌握，則包含了前兩種意義，閱讀完全文認識整篇文本的內容，再分析與確認記敘文的要素，更進一步解析景色描寫所傳遞的情感，最終再一次檢視這些細節，並體會整篇文章如何完成借景抒情，經歷了不同的歷程。文本成為被探究的

Q

事實，而意義是一層一層被發現的，最終能夠掌握專家如何能知道或做到的關鍵，而產生持久理解。

上述三種掌握意義的方式，差異來自於我們是如何與事實互動的，影響我們能從事實中獲得什麼樣的理解。如果對於意義的建構是採取第三種方式，則對於事實的分析就更深刻，意義的提取就更脫離事實且抽象，也更容易使事實與意義轉移到其他事實和意義的過程中，未來就可能更容易遷移到相關事實或意義的情形中。擁有這些意義探究經驗的人，就更有可能自由與彈性地聯想與連結到新情境中，讓我們擁有更多如杜威所說的，在未來面對新事實時可以產生聯想的**意義資本**。

探究事實建構「關鍵理解」

「關鍵理解」也是意義，它是抽象度更高與涵蓋度更廣的意義，它是出現在不同意義間所提取出的共同性，具有更強的遷移性。例如離子沉澱反應、酸鹼中和反應、氧化還原反應，雖然各有不同的定義，但我們仍可發現它們的共同性。離子沉澱是陰陽離子在水溶液裡碰撞與吸引形成化合物，當形成的量超過溶解度，便會產生沉澱；

酸鹼中和反應（阿瑞尼士）是水溶液中的酸會解離出氫離子，鹼會解離出氫氧根離子，兩種離子相互結合形成水；氧化還原反應則是一個物質失去電子，另一個物質則得到電子。

當我們提取這些反應的共同性後則可發現，指的都是「特定物質間交互作用後形成的結果」，因此「關鍵理解」則聚焦在「特定物質間在特定情形下交互作用，形成新物質與特定現象」。

我們再以國小數學為例來說明。

小於1的分數、百分比與圓餅圖，這三個概念各有其意義與對應的事實，它們具有什麼共同性呢？我們嘗試以數學的專家思維切入，看看我們能看見什麼。

「數學領域課程綱要」的基本理念中提到，數學是描述真實世界的語言，如果從這個角度來看數學的表示法，我們會發現這三個概念都在談「部分與整體的關係」。分數的分子是部分，分母是整體；百分比是以一百為分母的一種分數表示方式；而圓餅圖則是以圓心角的比例關係來表示各數量間的比例關係。讓學生統整這些概念都是一種部分與整體的表示方式，最終可以形成的「關鍵理解」是：數學可以運用代數或幾何的方式來描述數量間部分與整體的關係。

Q

「關鍵理解」是可持久理解的，這樣的持久理解是對於概念、原理原則或理論能真正掌握與運用。這些概念、原理原則和理論將許多事實組織成具有啟發性和有用的模式。它們涉及組織優先事項的思考，也就是前述所稱的「專家思維」。這些思考使我們能夠了解過去的經驗，進行當前的探究並創造新的知識。這種理解之所以持久，是因為它們使我們（無論是學生還是成年人），都能在我們的學習中建立重要而有益的聯繫。

「關鍵理解」建構的過程同樣依賴透過事實的探究，但這樣說容易被誤解我們只是想對事實的特性做了解，更明確地說，是我們從困惑展開對於「理解」的探究，理解是推論所得的意義，是從探究中得出的見解，所以意義才是我們要探究的目的，事實只是展開探究的手段。

知識領域的「關鍵理解」常常會違反常識和傳統智慧，是無法直接觀察與理解其意義的，因此，它們經常容易被學生誤解。因為學生無法直接發現「關鍵理解」，我們才會如此強調透過事實來探究意義的必要性。意義會出現於具有相同屬性的不同事實內，透過對於這些事實的分類與定義，讓我們更有可能找出意義，形成「關鍵理解」。透過凸顯出事實所代表意義的特點，這是幫助學生發現「關鍵理解」的重要設計，**透過凸顯當下要探究的事實與過去經驗的異同之處，或是凸顯當下要探究的事實的共同之處，進而分析發現或歸納綜合出這個事實的特性。透過對於特性的清楚描述，最終將各種發現進行分析，探討這些特性的形成的原因或原理，綜整提出結論，這個結論便是意義**。

如果希望意義發現的過程能有良好品質，則一定需要經過「觀察分析」與「資訊運用」的訓練。觀察必然連結分析，不是導向明確的已知，就是導向模糊的疑問，我們在處理事情時才會啟動真正的觀察：先發散地提出各種看見、感受或聯想，廣泛地汲取眼前或過去的事實，在某些選擇的事實之間交替地研究，讓我們腦中的困惑變得更為明確，也讓腦中形成的暫時想法變得更清晰。

資訊運用也是另一個意義發現的關鍵，如果我們能夠不受限於自身經驗，並願意從他人或其他管道取得資料，那麼所取得的資訊便可以啟動問題、假說或是證據，提升意義探究過程的品質，我們就更可能有機會形成「關鍵理解」。從這裡也能發現，在這樣的事實探究歷程之下，思考或操作能力的培養不需刻意安排，便會成為一件自然而然的事情。

Q

「關鍵理解」與學習者的關係

雖然我們已經對於事實和意義的關係討論了許多，但在更深入思考事實的安排與選擇之前，我們還需要花些時間來了解這個過程中另一個重要的角色，那就是學生，因為**學生和事實或意義間的關係會牽動著「關鍵理解」的形成**。

在安排「關鍵理解」的建構之路上，我們還需要思考兩個面向的因素：一是「意義形成的脈絡」，思考意義的形成對於學生過去的經驗來說屬於發現脈絡還是驗證脈絡；另一個是「意義形成的經驗」，思考提供意義形成的事實，需要連結學生已有經驗或是創造新的經驗。

● 意義形成的脈絡

意義的形成屬於哪種脈絡，取決於學生與這個意義的關係。如果要發展的是一個全新的意義，無法透過過去經驗的遷移來理解，那麼被啟動的就是**發現脈絡**。

舉例來說，國小四年級的學生雖然過去可能注意過天空中的星體，但沒有對星體做更多的探究與了解。我們的生活中存在著許多這類的情形，雖然是舉手可得或抬頭可見的事情，但卻不曾對它感到好奇或困惑，感覺好像很熟悉，實則陌生。透過老師的提問與任務安排，學生展開對於月相的學習，透過對於月球運行的歷時觀察，掌握它在一天與一個月內的變化，描述其變化情形，推論出其規律性。連結生活經驗，創造新的經驗，讓學生從事過去沒有經歷過的探究與思維，發現事實背後的意義，發展出「人、事、物呈現週期性變化的情形，具有一定的規律性」的「關鍵理解」。

如果現在要學習的單元與過去的單元是相同的「關鍵理解」，且過去已經習得這個「關鍵理解」的話，那麼就可以安排**驗證脈絡**，讓學生透過運用「關鍵理解」來認識新的主題，包含其中的事實與意義，這些理解最終將豐富「關鍵理解」涵蓋的範圍與例子，深化對於意義的理解。例如，國小五年級自然領域會學到星象，雖然學生仍需要對於星象變化有新的觀察、組織、分析與綜合，但在國小四年級月相學習的基礎上，學生對於週期性的規律變化已經有所掌握，透過已知的「關鍵理解」，對於新情境中的事實很容易就能聯想起月相觀察的經過與結果，對於星象的變化提出暫時的想法。老師在課程進行中不斷地確認與驗證，讓學生有餘力將認知負荷放在比起月相更複雜的星象變化現象的資料，進行整理與推理，最終建構了對於星象的理解，也同時豐富了對於「關鍵理解」的認識。

Q

「關鍵理解」與學習者的關係會影響事實的選擇與運用，也將影響課程切入與進行的方式與節奏，如果我們都能夠在每次的學習最終設定，跳脫僅僅是事實理解的意義，甚至是連結幾個概念、課次或單元所形成的意義，而提取出涵蓋性更廣與抽象度更高的「關鍵理解」，將更有助於學生後續的學習，也能讓學生腦中建構與累積的知識網絡更完備與清晰。

● 意義形成的經驗

即便是面對相同的事實或意義，不同發展階段的人也往往會有不同的運思方式。例如對國小學生來說，摩擦力是個十分抽象的概念，但對成年人和年紀較大的學生來說，摩擦力卻是十分淺顯的事實，可以輕鬆地靈活運用於日常生活中。因此，如果我們希望選取合適的事實來促進探究，就應該先理解學生與這些事實或意義的關係，才能知道如何運用在新意義的形成上。

有時候課堂中要接觸的事實或建構的意義確實是全新的，不存在於學生或孩子的生活中，那麼我們就必須選擇可排除引起其他特質聯想的事實，創造學生或孩子與這些事實（客體）有機的互動，並覺知客體的特質。

在一次陪伴臺東縣瑞源國小林湘雲老師的過程中，我們討論五年級社會領域「經緯度」單元的課程設計，湘雲老師提到過去教授這個單元時，總是比較像介紹或教導這個概念，了解經緯度的定義與在標記地球上絕對位置的意義，但學生真的能理解嗎？即使學生能夠選對答案，就代表他真的會了嗎？真的可以體會經緯度在社會領域（地理）的意義嗎？為了讓學生知道原來地理位置的表示需要有可理解與可溝通的方式，所以我們做了以下的設計：

1. 請學生在地圖上找出台灣的位置。

2. 請學生找出一些比較熟悉的地區名稱，例如：日本、韓國、香港等。

3. 請學生找出一些比較陌生，但給予一些引導語，提醒學生這個地區與台灣的位置關係。

4. 請學生找出一個很陌生的地區，但不給予任何提醒，例如摩洛哥。

學生對於前兩點，都可以很容易地找到這些地點在地球儀上的位置。第三點雖然花一些時間，但也是相對容易的任務。但是第四點卻讓學生困住了，找來找去不知道

Q

摩洛哥在哪裡，也不知道該如何才好。

這時候老師才請學生留意地球儀上橫向與縱向的線條，讓學生猜想看看：這些線條是什麼？是要做什麼用的？接著，老師先不解釋經緯度、經線和緯線的意義，只告訴他們如何運用。當老師提供了摩洛哥經緯度的數字後，學生依據規則就找到了，這時老師才與學生討論地理位置上這些線條存在的意義與重要性。

當可以引起意義形成的事實不存在於生活中，或是過去的學科學習無法提供可運用的過去經驗時，如同學生學習經緯度的情形，學生很難對於目前遇到的困惑產生聯想，更不容易理解它是什麼。老師的介紹或許可以讓學生知道它是什麼，但卻無法體會為了溝通與解決問題所形成的表示方式（經緯度）真正的意義。有哪些「關鍵理解」的探究需要透過創造經驗而啟動？通常是僅存在於學術上被討論的意義，例如酸、鹼與鹽的分類，或是不存在學生生活或不在生活中被關注的意義，例如劇本的要素與意義，這樣的探究必然經歷了發現脈絡，以產生「關鍵理解」。

另一種情形則不同，如果在課堂要接觸的事實是生活中存在的，只是意義並未被探究過，這時便可運用已有的經驗作為探究的事實。比如以「告狀」來切入記敘文要素的學習，許多學生的生活經驗中都曾嘗試告狀，嘗試如何清楚的表達情況及傳遞感受，但卻從來不知道原來這樣的表達包含對人、事、時、地、物等要素的描寫，以及表達想要敘述事件帶來的影響或感受。原本僅僅是本能地回應生活中的事物，卻有著未深入探討的意義，藉由這樣的事實切入，透過嚴謹的觀察、認識、理解、分析、組織等過程，形成「關鍵理解」，這樣的探究歷程同樣屬於**發現脈絡**。

運用生活中已經存在的經驗來形成意義還有另一種可能的情形，那就是雖然我們已經知道這個事實的存在，卻未曾深入地了解過它，直到我們對它產生了困惑，我們會聯想到過去經驗中相似的事實，對它的理解形成暫時的想法，接著便展開確認與驗證，直到我們確認過自己的想法是正確的。例如漫畫家會透過放大或誇大人物的特徵，讓人物畫像變成卡通化，我們總是一看就會知道畫中的人物是誰，卻沒有思考過為何漫畫家要這樣畫，而且為何我們都能一眼就看出代表的人物。

這樣的理所當然存在生活中的許多片刻，卻鮮少被探討，因此，當我們對於這樣的情形提出問題，你怎麼一眼就能認出來呢？這個人真的長這樣嗎？比例有這樣大的差異嗎？既然不是真的，那漫畫家又為何要這樣畫呢？一連串的問題下來，我們很快就能連結到我們在語文領域中曾經學習過的人物抽象特質的描寫。雖然我們所要描寫的人物有許多特點，但為了讓讀者可以更快掌握到人物的獨特之處，我們會聚焦在某

Q

個最特別的特點上，做細膩與放大的描寫與敘述。

在意義形成的過程中，我們對於事實的疑惑往往先於我們對於它的熟悉感，如果在我們還沒有連結到過去經驗之前，我們很難想像這個事實是什麼。無論是人物漫畫或是人物特質描寫的文本，都指向相同的「關鍵理解」：人、事、物的特點以對應的形式來表達並傳達意義。這樣的脈絡是透過已知的「關鍵理解」，對於視為理所當然的事實進行探究，透過驗證脈絡，確認其意義，並豐富了原有的「關鍵理解」。

當我們更清楚「關鍵理解」的形成需要以事實的探究作為路徑，才有可能形成真正的意義，我們更應當在乎形成「關鍵理解」的探究歷程，即使是相同的「關鍵理解」，面對不同經驗與基礎的學習者，我們將選擇與安排發現或驗證的脈絡來促進概念的學習。無論是發現脈絡或是驗證脈絡，我們必須掌握可供運用的過去經驗，或是創造有意義的現在經驗，才有可能讓學生在意義模糊不清和搖擺不定的事物中，透過我們的提問與引導，讓事實的探究有了焦點，進而才能引出意義的明確性。我們對於事實的意義能清楚地說明，並運用它來解釋其他事實，或在新情境中推理與理解現象，確認意義的一致性，便完成「關鍵理解」的建構。

提問精要放大鏡

▼如果要讓學生如同專家一樣形成新概念，則其歷程必然與專家是相同的，那就不會只是「教導的歷程」，而是「探究的歷程」。

▼如果沒有對當下某個事實進行探究，或沒有連結某個經驗中的事實，我們便不容易形成或連結到意義。

▼「關鍵理解」建構的過程依賴透過事實的探究，我們從困惑展開對於「理解」的探究，理解是推論所得的意義，是從探究中得出的見解。所以意義才是我們要探究的目的，事實只是展開探究的手段。

▼教師在面對不同經驗與基礎的學習者，將選擇與安排發現或驗證的脈絡來促進概念的學習，教師必須掌握可供運用的過去經驗，或是創造有意義的現在經驗，才有可能讓學生透過提問與引導，在意義模糊不清和搖擺不定的事物中讓事實的探究有了焦點，進而才能引出意義的明確性。

「關鍵理解」如何引導？

教員不是拿所得的結果教人，最要緊的是拿怎樣得著結果的方法教人。

——梁啟超

回顧我們過去的學習經驗，可以將學習分式分為兩種。第一種的學習具有非常清楚的目標，像是學科知識、生活方式或待人處世的學習。在各學科領域、社會習慣與價值中，往往存在著某種既定派典、有著預設的正確答案，這大概就是為何許多成人都覺得：既然有標準答案，那麼直接告訴孩子學習內容就是「最有效率」的教育方式。然而，經過上一節有關「關鍵理解」的探究後，相信你已經明白「最快的不一定最有效」。

第二種的學習乍看之下似乎沒有明確目標，需要個人對現象或問題進行探究後提出自己的想法，並運用合宜的方式進行表達，像是專題研究、個人創作、獨立評論等。有些人可能會好奇，這種學習有「關鍵理解」嗎？要回答這個問題前，我想先請大家思考一下：我們該如何評量這種學習最後的表現？是憑藉我們對於作品的喜好嗎？這樣的標準似乎又太過主觀了。

第二種的學習通常是以完成這件事的能力與態度為目的，例如觀察是否客觀、資料蒐集是否足夠、研究調查是否完備、論證是否嚴謹等，因此過程中運用的方法與採取的態度才是學習重點所在。至於過程中運用的知識則是附帶成果，會因為每個人關心的事情不同，而獲得不同的知識增長。專題研究的「關鍵理解」是什麼呢？這個問題的答案，會隨著學生的發展階段而有所不同，對於剛開始從事專題研究的國小學生來說，他需要關注的是「關係」，例如：

- **一個現象的產生跟哪些人、事、物有關係？**
- **我們需要用什麼樣的方式蒐集到這些資料？**
- **這些資料之間有什麼關係？**
- **我們發現了什麼？這些發現和原本的現象之間有什麼關係？**

Q

這一類的問題不斷地在孩子的研究過程出現，每一個步驟之間都有關係，釐清現象相關因素之間的關係，才能對於現象有新的看見與認識。掌握每一種學習的「關鍵理解」有何特性，我們才能更堅定且自信地安排引導的路徑，而不會擔心自己對孩子的學習是否過度干涉或是過於放任。

「關鍵理解」的建構之路

在決定「關鍵理解」之前，我們會先對課程做分析：思考這個單元裡，預設學習到的意義有哪些？這些意義以什麼名詞（概念）代表？要如何論述它？這些意義間的關係，如何安排發展次序？分別選擇什麼事實來形成意義？如果要用一個短文來綜整前面幾個問題的思考結果，那會是什麼？我們從寫出重要內容到分析重要內容間的關係，到釐清這些關係，最終提取「關鍵理解」。在確認了「關鍵理解」後，我們就可以開始思考該如何安排要讓學生經歷的探究歷程。

● 釐清「關鍵理解」的複雜度，以找出意義形成的「專家思維」

不同學習階段的「關鍵理解」有不同的複雜度，所以要安排的建構之路也會跟著不同。有時「關鍵理解」只是**單一個概念**的意義，比如說學習人、事、時、地、物的記敘文要素，也許透過一、兩個事實的探究就可以了。但有時「關鍵理解」則是由**數個概念組合**成的命題，這時探究路徑就會更長了。例如在閱讀托物言志型的文章時，我們會先分析文本對事物特徵的描寫，理解文本所欲傳達的意義，然後進一步探究作者的志向，將事物的描寫與作者的志向相互對應比較，因而發現某些相同點或相似點，於是我們就能了解所謂托物言志，就是藉由對事物特徵的描寫，來表達自己的志向。

最後還有一種「關鍵理解」的形成是將**數個概念提取**出的命題，例如：國際衝突、國際合作、國際地位等，都包含在國際關係這個更大的概念之內，從國際關係來思考國際衝突、合作或地位等情形才能更清楚。

● 以「專家思維」歷程切分出「關鍵理解」形成歷程的情境數量

從我們最初開始做重要內容分析，到決定「關鍵理解」的過程，我們已經梳理了各項事實與意義的關係，也以一段完整的短文來表示「關鍵理解」形成的歷程。從第

Q

一個事實到最後的「關鍵理解」之間總共要切分為幾個情境？每個情境所安排的活動會讓學生形成什麼意義，並帶著這個意義進到下一個情境？每個情境都會有一個階段性的結論，也就是每個情境要產生的意義或概念是比較小的，如果我們將每個情境要產生的意義寫出來，並順一遍它們之間的關係，就能檢視意義形成的安排是否合邏輯，是否是一段順暢的思維歷程了，當然這必然是符合「專家思維」的過程。

有時候前後的情境可能是平行的，不是連續的，因為前後兩個情境形成意義後，這兩個意義才合在一起形成更大的意義與概念。我們也會看到一種情形是老師覺得情境的安排很順暢，但卻不符合「專家思維」的歷程，因為老師是以「教學者」要進行的事情來思考安排，並非以「學習者」的角度來思考學習應當如何被發生，這就完全與我們這裡所談的事情是背離的。

● 老師分析「關鍵理解」的歷程，便是發現「專家思維」的歷程

當我們對於「關鍵理解」的形成愈清楚後，我們便能夠根據「專家思維」來安排事實到意義形成的歷程。我們先以國小的語文學習為例，這個單元是我在新加坡帶工作坊時，以三年級的教材所作的設計。這是一篇透過三個小故事來描述楊修很聰明的

文章，教材上寫著本課程設定要學生學會的是人物特點的描寫。

記得在工作坊時，我問老師們：「人物特點的描寫指的是什麼？」這個問題是很重要的，如果無法說清楚意義，那麼「人物特點的描寫」就只是一個名詞或名詞組，我們無法知道最終要如何確認學生是否學會了，更別說要設計出引導學生思考與發展出「關鍵理解」的課程。以這篇文章來說，難道學生學會介紹人物的特點，就要舉出一些這個人曾做過的事情嗎？什麼樣的特點需要這麼做呢？該如何找出好的例子呢？需要多少例子才足夠呢？找到的例子又要如何安排呢？

在這樣的討論後，我們便更加清楚要學習的是人物的抽象特點描寫，必須藉由選擇數件能對應抽象特質的代表事件，並依據事件與特質的關聯強度，從最普通的例子安排到最特別且符合特質的例子，以帶出人物的抽象特點。這樣的組織，說明了事實之間的關係，也理解這些事實背後的意義，我們就可以進一步提取出「關鍵理解」；選擇可以支持篇章目標的內容，透過不同段落的陳述與段落次序的安排，以達成篇章要表達的目的。這樣的「關鍵理解」是抽象度較高的，不僅限於這篇文本所表達的人物特質，更包含所有將學習重點放在段落間關係與篇章段落關係的單元，讓學生透過提取出篇章的主旨後，再分析這樣的主旨是如何透過每個段落的內容陳述以及段落次

Q

序的安排而完成。

要怎麼設計「關鍵理解」的建構之路呢？因為文本中的楊修與使用的例子對於學生而言都太陌生，要推論出那些例子與聰明之間的關係就已經不容易，更難發現人物特點描寫的方式，所以在進入課文之前，我們先安排一個與學生生活較接近的事實來探究。詢問學生：「如果爸媽不讓你看海賊王，你要如何說服他這部卡通的主角都是很好的人？如果以魯夫為例，你覺得魯夫是什麼樣的人？為什麼？要怎麼說明才能讓爸媽也認同他是這樣的人呢？」於是學生會急著要介紹人物特質的情境，也會積極想要參與，先選擇對他們而言有感的事實，並且創造真實經驗。

在與學生討論完之後，我們引導他們說明為何會以這樣的方式來說服父母，這個問題除了總結這個教學活動，更要讓這個活動形成意義。當學生帶著這個意義，開始投入文本的閱讀，再由教師引導：「這一篇寫的是楊修這個人，題目說他是個聰明的人，我們可以一起來看看文章是怎麼描述他的？和你剛剛描述魯夫用的方法一樣嗎？」

當學生帶著對於「關鍵理解」的初步掌握，透過閱讀文本做更仔細的分析與對應，我們在文本分析與總結後，再一次地讓他們說出，為了描述一個人的抽象特質（不能直接看到）時要用這種方法表示，進而建構起「關鍵理解」。最後，我們請學生選擇一位班上的同學，寫下他的抽象特質，並舉出三個他曾經做過可以代表這個特質的事情，問他：「如果你要跟別人介紹這位同學，你會怎麼描述這三個事情，你會怎麼安排三個事情的次序。」透過這個過程，學生透過運用「關鍵理解」，對於可能還不太理解的部分做了澄清，讓理解更清晰與完整，這樣才算完成了「關鍵理解」的建構之路。

從〈聰明的楊修〉來說明「關鍵理解」的建構過程，我們可以發現，重要內容的分析非常重要，這些內容間關係的連結與「關鍵理解」的提取，都讓我們更清楚地釐清：**我該放入同一個單元內所有會出現在學生面前的內容是哪些，又該如何安排**。

要能夠成功地完成「關鍵理解」的引導，除了上述我們已經討論過的部分外，還有三個步驟是需要更仔細解析的，一是事實的選擇，二是情境的安排，最後才是讓一切分析與規劃能夠落地實踐的提問設計。

促進理解的情境安排

對父母與老師來說，我們必須知道孩子或學生要學習的內容是怎麼被發展出來

Q

的，才能用合適的事實把單元中重要的事實與意義組織成合宜的發展歷程，也因此，推敲或反思專家是如何透過這些事實而發現這些意義，便成為我們最大的考驗、也是最重要的功課。我們不可能讓孩子自己從零開始建構對這個世界的理解與知識，我們透過凸顯特點的方式，安排真實的經驗，讓孩子可以輕易發現事實背後的意義，使人類世界的知識可以傳遞，此外，我們更同時讓孩子不斷地體驗與學習知識被產製的過程，期望他們學到的不只是知識，更習得學習方法與看待世界的方式。

● 情境的安排與階段性

如果要著手規劃情境，我們要能夠回答三個問題：

1. 每個情境要以何種事實的探究展開？
2. 每個情境要以聚焦形成何種意義（概念）？
3. 情境之間的串接是否合乎邏輯？

這三個問題一直被我們反覆提及，然而該怎麼思考與執行？

首先，我想先談談情境在「關鍵理解」發展上的功能。在這裡，我將情境分為三種功能，同時也是次序，分別為：導入、建構及深化。**導入的情境，目的在引導學生投入「關鍵理解」的探究**，對「關鍵理解」有感受與初步想法，此階段是引起對於「關鍵理解」好奇或困惑的重要階段；**建構的情境，目的在提供學生完整細緻的發現或驗證歷程**，此階段是形成「關鍵理解」的重要階段；**深化的情境，目的是讓學生在新情境中能透過分析問題或主題背景，運用「關鍵理解」來處理問題**，進而產生更深刻的理解，此階段是排除對於「關鍵理解」錯誤理解的重要階段。

這三個階段是怎麼產生的呢？想想我們是如何探究的：第一、我們總是先覺察到整體的存在，進而我們再聯想出這個整體的可能意義；第二、接著我們開始深入了解，從部分的細節逐一展開，接著我們確認了部分間的關聯，進而建立對整體的理解，形成了意義；第三、我們透過意義的運用後，體會這樣的理解所代表的真實意義。

第一個階段就等同於「導入階段」，先覺察到「不理解」的存在，我們對於已經理解的部分形成不完備的初步想法。第二個階段就等同於「建構階段」，對於要探討的事實做細膩又完整的觀察、認識、組織、分析等，形成完整的理解。第三個階段則等同於「深化階段」，透過意義的運用，除了因為可涵蓋的範圍增加而對於意義有更

Q

豐富的認識外，也在認識新情境或處理問題的過程中，發現第二個階段中並未真正理解的部分並除錯。換言之，這三個階段的提出就等於是參考了我們探究事物道理的真實過程。

在分析「關鍵理解」的建構之路，就能將發展歷程切分出不同的階段，「導入階段」與「深化階段」都只會有一個情境，「建構階段」則不一定，必須考量最終要形成的「關鍵理解」的複雜度來決定。如果要形成的意義較為單純或是由連結過去已有的基礎，則可能只需要一個或兩個情境，但如果形成的意義較為複雜，或無法連結到過去的已知，則有可能需要設計超過兩個情境。但不管需要多少情境的安排，每一個情境都必須有明確的意義形成，才能夠讓這個情境的經驗附著於這個意義或概念上而被記憶，更在接下來的情境中可以被運用。

以〈聰明的楊修〉為例，首先，「導入階段」就是向父母說明海賊王人物特點的情形，這個情境結束時，學生還沒有經過仔細的分析與討論，僅僅知道要舉出與特質對應的例子來陳述一個人；接著「建構階段」，則是開始循序漸進地閱讀課文，分析課文的內容，找出楊修聰明的描述，並且討論這些事件之間的關係，思考這樣安排或不這樣安排的差異，藉此發展出「關鍵理解」（段落內、段落間、段落與篇章間的關係）；「深化階段」則透過同學的特質描寫，讓對於「關鍵理解」更清楚，真正思考什麼叫做選擇與篇章目的對應的內容，什麼叫做為了達成篇章目的的段落陳述與段落安排。

這樣的安排決定了概念發展的歷程與節奏，「導入階段」是探究之初，好奇或困惑驅動了學生的投入，「建構階段」是探究最精實的過程，為了找到好奇或困惑之處有真正的解答，學生仔細地觀察與理解，「深化階段」是探究成果展現的時刻，當意義可以被運用才表示我們找到的解答對了，我們的好奇與困惑才得到真正的解惑與確認。

● 真實情境的運用

能夠對於「關鍵理解」安排出導入、建構與深化的三個階段，這還不夠，更重要的是這些階段的情境必須是真實的，那麼，什麼是真實情境？它並不是指真的讓孩子親手操作，更重要的是，它必須是真實的經驗。當孩子經歷一個真正去探究與認識的過程，並在過程最終發現意義，而這樣的經驗不僅對於理解世界的過程很真實，最終掌握的意義也很真切，是真真實實的，有感性的感受，更有理性、有邏輯的理解，學科要習得的概念就應該要安排這樣的情境，透過提問，啟動思考，讓學生經歷真實的

Q

探究歷程，形成意義。

無論是前述的發現脈絡或是驗證脈絡，抑或是學習者有或沒有的經驗，**這些真實情境不管屬於生活或學術，都必須是這些「關鍵理解」真正存在與被運用的情境，或是被發現的情境**。

1. 被運用或存在的情境

很多古文是文人在失意不得志的心情下寫成，即便孩子理解創作的時空背景，往往還是難以體會文章中所想傳達的感受或價值。如果作者是因牢獄之災而有所感觸，總不能就要孩子想像自己被關起的感覺，因為他們想到的只會是被關起來不能自由活動，無法體會文人被誣陷與不得志的惆悵情懷。

面對那些過去的概念與情境時，其實我們很難去還原完全相同的情境，所以應該思考的是：現代孩子的生活中是否存在相似情境，能夠幫助讓他們同理和推論作品中所想傳達的東西。作者經歷的現實在現代孩子真實生活中是如何被存在，這才是最容易讓孩子想像與同理作者所要傳達情感的基礎。有時候，我們錯用了看似特徵相同具體事實，但對學生而言不僅抽象，還會引起錯誤的聯想，因而完全扭曲了我們原本想要引導的方向。

2. 被發現的情境

第二種情況是還原理論被發現的情境。有時科學概念的習得常會透過科學史來進行，例如原子結構的發現；在數學領域也會有這樣的情形，例如負數是怎麼出現的，生活中最多只會到零，並不會有負的數字大小，如果回到數學史，會到負數出現的情境下，便能理解是很容易帶出為什麼有負的這個概念，如果要教學的單元並不適合在課堂中安排最初發現概念的情境，則思考這個概念與意義目前是如何存在於真實世界的。無論是回到概念最初被發現的情境，或是找出概念目前被真實運用與存在的情境下，我們便能夠安排概念發現的歷程。這裡也要特別提醒一件事情，有些人會誤以為在學生生活中的情境才稱為真實情境，其實不然，即使不存在於學生生活中，如果是他存在於學術情境中，例如實驗室情境，只要我們安排讓學生經歷的探究歷程是能引起如同專家一樣的探究歷程，這便可以稱為真實的情境。

我們不可以用一個看起來生活中存在的情境，可是整個過程要啟動思考都是不順暢或受許多限制的，沒有足夠訊息或資訊片段，讓聯想與推論都很難展開，這樣虛假

Q

的歷程如何使學生啟動思考呢？就如同有些英語文的教材，將某種對話情境或句型放在錯誤的文本脈絡中，真實生活中是不會這樣使用的。我們提供的情境必須要能為學生創造出真實或擬真的經驗，因為這個概念被發現的時候，它就是這樣出現與被探究的，或是這個概念在真實生活中，它就是這樣存在著與被運用的。

安排一個真的過程給學生，讓經驗變得真實，這樣的經驗的思考歷程與運用的能力等才會是他將來在發現事情，或觀察事情或綜合、組織東西的時候真的會用的方式，更重要的是，如果我們希望學生能夠產生遷移的是態度，就更應該創造真的經驗，而這個經驗連同所形成的意義，都將成為他在未來理解這個世界的資本。

選擇有感的事實

理解情境的安排對於建構「關鍵理解」的重要之後，另一個攸關情境的設計能否成功的因素就是每個情境中被探究的事實。為何事實這麼重要呢？如果要發展的「關鍵理解」是相對陌生，無法透過過去經驗而聯想的，或是無法快速產生聯想的，我們就很難憑著抽象思考便能夠推論出來，這時候就應該由具體思維著手，但對於有能夠聯想與能夠掌握意義的過去經驗時，我們便能進行抽象思考，這時候就不一定須要事實了。

比如說，因為我們擁有過去的經驗，讓我們對於各種相似的經驗都能進行聯想與推論，並根據他所處的脈絡，思考可能的影響與結果；但如果我們要學習的是某種藝術的手法，我們沒有相關經驗可以聯想時，我們就必須透過實際的物件或事件來產生感受，才能進一步做理性的分析。

在這樣的討論中會發現，事實之所以重要，是因為它所代表的意義。到底意義從何而來？意義不可能憑空形成，它的產生要有所本，無論是依據客觀事實與主觀感受，即便是主觀感受，都要有可供感受的事實。意義是對於事實理解、領悟、連結或整合後的發現，它的產生可能是演繹分析的歷程（驗證脈絡），也可能是歸納綜合的歷程（發現脈絡）。

我們渴望理解，我們追尋意義，所以「事實」變得不能忽視。每一個學科學習或生活學習要運用的事實是什麼？有些是物件，例如藝術品、文章、影片；有些是事件，例如操作機器、解決問題，無論是哪一種，看起來是靜態或是動態，**我們對於意義的理解都來自於探究過程的思考所得**。你「看到」什麼？你「聽到」什麼？事情是

Q

怎麼「發生」的？**我們對於事實的探究都是動態的歷程，意義就在與事實的互動中被感受與理解**。

當我們遇上了客觀事實，我們可能直覺聯結過去經驗，產生感受或是引起聯想，這時候該要理性思考的是感受何來？為何這樣聯想？這樣的聯想是否合理？如果無法讓我們產生感受或聯想，啟動我們後設思考與理性分析，那麼真正的意義就難以形成。

既然事實是如此重要，那我們應該如何選擇不同階段的事實呢？

● 導入階段

這個階段的目的是讓學生投入與探索新的主題，所以選取合適的事實是為了引起好奇或困惑，才可能讓學生主動投入，如果要引起真正的思考，而不是回應或直覺，那就必須讓學生產生想要知道怎麼回事的心情。這個階段我們必須選擇與運用淺而易懂的「事實」，讓學生對於原本認為理所當然的事情，變成無法預期或解釋，進而讓學習者對於背後的意義感到好奇而想探究。就像是詢問學生為何一眼就認出漫畫中的人是誰？這對於學生就是件理所當然的事情，我們刻意提問反而顯得奇怪，但其實我們真正想要問的是下一個問題：「漫畫家是怎麼做的？為何要這麼做？」這才是一個出乎預期的問題，但卻指向我們期望他們探討的「關鍵理解」。

導入階段是否成功地引起學生的好奇、以及對於「關鍵理解」的暫時想法，將影響著建構階段的流暢度，一方面是學生如果真的被引起了好奇心，後續的學習才有可能有動機且主動，另一方面是因為已經對於「關鍵理解」有初步想法，帶著這副眼鏡來理解建構階段的事實，將降低建構階段的難度，思考與學習都會變得更容易。因此，**選擇的事實必須是能快速感受，也必須是簡單而不複雜，這樣事實的特徵才能清楚到可以凸顯出「關鍵理解」的意義，使學生能快速聯想與推論出初步想法**。

導入階段的事實通常是連結已有經驗，針對未注意或視為理所當然的事實提出問題，例如在前一節提到的以告狀來探討怎麼做才會成功，以便帶出記敘文結構與功能。如果學生沒有合適的已有經驗，那就創造新經驗給他們，創造可以凸顯「關鍵理解」的事實，愈單純愈好，例如擬人修辭的學習中，運用動畫讓孩子了解到當「非人類的角色」產生與人類相似的行為時，帶給我們的鮮明感受。

我們在導入的時候是不是一定要運用已知的生活經驗或創造新經驗，這關乎這個概念的學習跟學生過去經驗的連結，如果學生已經學習過類似的概念或是只是相同概念的深化，很可能就會直接運用課本中的學術情境，直接開始建構階段的學習，不需

Q

要花太多時間在導入階段，所以如果不夠理解學生的情形，就很難選擇與設計出適合的事實與情境。

建構階段

這個階段的目的是讓透過事實的觀察與分析，綜合形成概念，我們要選擇結構清楚或條件簡明的「事實」，讓學習者觀察、分析、組織與綜合形成意義與概念。這個階段最常運用的是內容描述完整的文本或資料，例如課本，如果不是依賴文本來建構概念的學科，則會安排接近專家探究的歷程，讓學生經歷較長與完整的思考與實作，建構「關鍵理解」，這時候通常就會進入非生活的情境，也就是學術的情境，但無論是哪一種，都必須是真實的情境，也就是學生的真實經驗。

有時候要運用的資料有較多複雜概念或名詞，過於抽象不容易理解，我們可以在建構階段先做一個鷹架，比如當課本是很難意會那些文字，我可能就會上網找短片，它可以呈現那個動態歷程，學生就可以想像；即便我給他看的影片還是很學術，但是課本是無法讓孩子有感的時候，我還是會選擇其他素材來促進學生的理解。

● 深化階段

這個階段很像是過去我們所熟悉的，將已經形成的意義用來解決問題或完成作品，例如國語文的作文與數學應用題等，但這裡所指的並非如此。深化階段雖然仍會選擇新的事實來確認意義是否被理解，並能用來理解新的事實或處理新的問題外，更要透過這個階段讓學生釐清新事實間的關係、事實與意義間的連結，並能理解整體的意義。

舉例來說，高中英文的某個學習內容為「轉折語」，了解轉折語的功能主要是在轉折以及承接。老師藉由安排學生閱讀英文課本文本，使學生分析與知道有些段落一開始便運用了一個有轉折含意的副詞，讓兩個段落間的關係有了明確的連結。像是However（然而），讓學生知道，新的這一段應該要開始談到與前一段不同意義的事實；或是Therefor（因此），則讓學生知道，這一段是承接前一段的意義繼續論述。

然而僅僅是知道轉折語的意義並不能確認學生掌握了轉折語真正的意義，所以老師會選擇與已形成的意義相同但條件不完全相同的「事實」，例如像有別於課本文本是一篇將分手合理化的分手信，老師請學生完成的是寫一封感謝信：「請寫給你們之前有過衝突的人，但現在的你卻很感謝他當初那樣對待你。」透過要安排段落，並運

Q

用「然而」、「因此」等轉折語，重新思考如何將轉折語安排於段落之間，透過段落間連結，完成篇章要表達的意義，這樣的解決問題歷程，讓「概念」更清楚。分析與深化已知概念，藉由事實的問題解決，讓已知概念理解得更清楚，這就是深化階段為何能夠精煉意義的緣故。

這三個階段中，我們通常會在導入與深化階段選擇與生活相關的事實，但選擇的目的不太相同。在導入階段時想要選擇對於學生不會有太高門檻，讓他們感到困難而無法產生其他感受或聯想的事實，所以找尋對於學生生活中熟悉與單純的事實是最適合的。而深化階段則是發生在「關鍵理解」已經建構時，所以讓學生帶著「關鍵理解」的眼鏡，重新與生活中的事實相遇，將會有不同的發現，透過運用以延伸與深化理解。例如〈聰明的楊修〉，我們設計了同學特質描述的事實。

在這樣的引導與安排中，我們必須不斷地思考學生會如何感受、如何理解，如何思考，學習會如何發生，以便選擇適當的事實與安排不同階段的情境，讓概念的建構從具體事實，到抽象意義；數個抽象意義可以提取或是歸納出抽象度更高的「關鍵理解」。意義之間該要如何被發展與組織，這個思考歷程就是「專家思維」，我們必須以「專家思維」串起「關鍵理解」的探究。

我常覺得父母與老師都像是**孩子經驗的設計師**，我們不會只是個傳遞知識的人，我們更是一群成長過、學習過、挫折過、失敗過的人，我們不只學習知識，也有技能與態度，我們更清楚每一種學習應該要以何種方式才能發生，更知道要怎麼學習才有可能讓我們愈來愈懂得學習與思考。因此，**設計的第一步就像是問題解決專家一樣，先要分析問題背景，我們需要了解的背景包含學科和學生，這部分只要清晰了，就能著手設計了**。

Q ____________________

____

提問精要放大鏡

▼ 教師運用合適的事實把單元中重要的事實與意義組織成合宜的發展歷程，反思專家是如何透過這些事實而發現意義，透過凸顯特點的方式，安排真實的經驗，讓孩子可以更容易發現事實背後的意義。

▼ 要能夠成功地完成「關鍵理解」的引導，有三個步驟是需要更仔細解析的：一是事實的選擇，二是情境的安排，三是提問設計。

▼ 關鍵理解的建構歷程包含三種情境，分別是：引起學生投入學習的導入階段，綜合與形成意義的建構階段，最後是分析與運用意義的深化階段。

▼ 教師應當明確理解意義之間該要如何被發展與組織，這個思考歷程就是「專家思維」，我們要設計以「專家思維」串起「關鍵理解」的探究提問。

「關鍵提問」如何提出？

問對方樂於回答的問題。

——戴爾．卡內基（Dale Carnegie）

我們認識與知道事實，我們進一步「理解」意義，並為了理解而進行探究。什麼情形下你會說自己在「探究」？它是如何開始的？在我的經驗裡，在對於現象好奇或困惑之時，腦中浮現的那個問題，會為探究決定了焦點與方向。提問是為了「理解」而產生，提問首先觸發了學生開始關注與探索事實背後的意義，提問接著也引導了思考歷程。因為問題讓我們開始檢視、核對、分析與綜合而形成意義，並透過辯證後有所發現。要解決自己的好奇與困惑，並非是完成任何人的任務，探究事理的思考歷程是持續發展與最關鍵的學習。

關於提問的方法，我們最容易聯想到的就是「5W1H」。所謂5W是指：何時（WHEN）、何地（WHERE）、何人（WHO）、何事（WHAT），以及為何

（WHY）；至於1H是指：如何（HOW）。這六種提問常關心的面向，有些問題是讓我們確認事實的特質，有些問題則是我們用來釐清事實為何發生或為何存在，又有些問題是為了幫助我們了解事實的進行方式，但這些問題卻不能保證我們能發現事實背後的意義，除非它們被組合成一個探究的歷程。

關鍵提問的作用點

關於「關鍵理解」的探究，必然有個啟動的問題，我稱它為「最初的關鍵提問」。既然有啟動的問題，當然就會有結束的問題，我稱它為「最末的關鍵提問」。這樣的區別不只是發生的時間先後而已，而是以問題對於探究「關鍵理解」能夠產生的**作用**來區別的。

沒有人在一開始就會問出指向「關鍵理解」的問題，我們總會在一開始提出掃描現象的提問，就像體檢一樣，什麼都巡視一遍，什麼都問問看，這時候確實很容易問出「5W1H」的問題，就在詢問與解答的歷程中，我們慢慢將這個不熟悉現象的各項資訊連結出一個模糊的整體，直到我們聯想到某個意義，我們會提出一個問題來定錨接下來我們認為值得深入探究的理解，這個問題就是所謂的「最初的關鍵提問」。我這樣說好像在比較這些問題的重要性，實則不然，如果沒有這些前驅的問題，我們便無法對於現象形成初步的認識，接下來的探究就沒有要證明或發現的意義了。

「最初的關鍵提問」從對於學生可意會的事實出發，引起學生的好奇或困惑，讓學生覺察或發現「不理解」情形的存在，藉此注意與覺察到意義探索的必要性。而「最末的關鍵提問」則將發散的探究過程，透過問題的提出收斂，推理出結論，形成「關鍵理解」。

● 最初的「關鍵提問」

我常常會問參加工作坊的學員一個問題：「一開始引起探究的最初關鍵提問比較難設計，還是最後收尾的最末關鍵提問比較難設計？」幾乎所有人的回答都一樣，認為最初的「關鍵提問」比較難設計，因為必須要讓學生想要投入學習。換言之，「如何勾住學生」挑戰著大家對於學科專業、真實世界與學生經驗的掌握情形。學科專業會讓我們決定學生學習的「關鍵理解」，不會只停留知道事實，我們也必須知道「關鍵理解」存在於哪些事實的背後，我們更需要知道哪一個事實是最能讓學生有感的。

Q

同樣要帶學生掌握抽象人物特質的描寫背後的「關鍵理解」，當學生是國小中年級學生時，我們會選擇從描述動畫主角的特質來說服父母開始，但當學生是中學生時，我們會選擇從分析為何漫畫中的人物能夠讓我們一眼就認出他是誰來展開；前者的重點在於掌握抽象特質與對應事實的關係，後者的重點在於放大特點與特點呈現的方式。

面對學生的不同發展階段，學科在相同主題上設定了不同的「關鍵理解」，也必須運用學生在生活中符合他們發展階段的事實，更重要的是，還必須因應學生的發展階段特性來安排學習活動，例如國小中年級的學生相對而言喜歡發言，但中學生可能並不是如此，所以前者可以引出他們實際的行動，再反思為何如此，後者則必須節奏加快，讓他們從理所當然中發現未曾深思的意義。例如：

「為什麼跟爸媽說明魯夫是正直的人要說這些事情呢？」

「漫畫中的人物真的是這樣嗎？為什麼要用這樣的方式來呈現呢？」

無論我們是創造經驗（說服父母這個動畫值得我看），或是連結經驗（漫畫人物的判斷），經由現象的掃描，引出對於現象的觀察與認識後，透過一個提問，我們將現象要被探究的焦點定錨了，使得現象等待被探索的特性透過問題被注意與凸顯，讓其他的特性就如同舞台上燈光熄滅的角落，**只有等待被探究的特性有燈光照著，讓我們只能專注在這一點上**。最初的「關鍵提問」讓所有的看見有了一個切入點，順著這個切入點開始了對於「關鍵理解」的探尋。

要記得，第一個問題是要勾住孩子的，你的第一個問題失敗了，整個過程就變成是拖著孩子向前走，這對於你和學生來說都是很累。一堂課會不會成功，就於在第一個引起探究的「關鍵提問」，因為你勾住他了，後面的主動思考才可能發生，我們不能期待學生探究卻不在意他們是否主動。要讓學生主動，就不能讓他無感於要探究的事實，因為這會讓他無法經歷思考的衝突跟歷程，那就好像你只是把原來你要講述的內容變成活動，然後學生一直在寫學習單，填完表格卻沒有思考，學生的認知負荷都在理解老師的指令與表格該填什麼，而不是把重點放在釐清現象上，這樣的學習過程不一定有用，只是讓學生看起來很忙而已，這樣跟運用講述法的上課方式又有什麼差異呢？

● 最末的「關鍵提問」

最初的關鍵提問啟動了探究後，對話的親子或課堂的師生便在過程中進行著提問

Q

討論。有些問題是成人準備好的，有些則是因著前面的回答所衍生的問題，過程中讓想法愈來愈清楚，這時我們需要一個問題，讓這一整段過程產生結果，讓整段經驗匯集在一個意義裡。這個最後的問題是用來收斂的，如果在引導思考的過程中，我們沒有忘記最初需要被解決的好奇與困惑的話，那麼現在的我們應該正要揭曉答案了。例如：

「**所以**根據我們剛剛的討論，如果我們要讓一個人了解另一個不認識的人的抽象特質時，我們應該要怎麼說才能夠做到呢？」

「**所以**雖然一個人可能有很多不同的特點，但如果我們要凸顯這個人的特點，我們該怎麼做呢？」

「**所以**」兩個字代表要進入下結論的橋段，也意味著這一段探究進入了尾聲，剛剛那整段討論是原因，「**所以**」就是要大家根據剛剛的過程給個交代。

對於一個引導學生進行探究的老師，最末的「關鍵提問」是相對而言較容易提出的，只要選對了事實，也問對了最初的「關鍵提問」，這個問題確實引起了對於「關鍵理解」的探究，最後就等著收尾。比如說經緯度的學習，當學生真實體會到無法僅僅透過相對位置來找到所有地點的確切位置，我們需要一個可以相互溝通的標的方式，在這一連串的體驗與討論後，我們會問學生：「所以為什麼會有經緯度的出現？」、「當我們在溝通人事物上遇到困難時，我們該怎麼做呢？」

最終的「關鍵提問」產生了提取意義的效果，前者提取出的意義是這個單元的學習結果，能夠真正理解絕對位置表示方式的必要性；後者則是藉由這個單元提取出涵蓋範圍更大且抽象度更高的「關鍵理解」，讓學生可以遷移到其他情形的理解，知道透過某種大家可以理解的方式來表示，將有助於溝通與問題解決。

「關鍵理解」決定問題的探究要走到多遠，也決定了最終的「關鍵提問」，雖然相較於最初的「關鍵提問」容易提出，但如果沒有掌握到這個問題是要形成抽象意義的，那很可能還是將問題停留在事實理解的層次。如果要形成意義，這個提問的結果就不能還停留在特定事實裡，要能讓學生要掌握的是事實背後的意義，讓這個意義也能適用於其他事實。

關鍵提問的時間點

還記得「關鍵提問的建構之路」會有三階段的情境嗎？導入階段、建構階段與深化階段，這三個階段在「關鍵理解」的發展上分別扮演了不同的角色，這些階段都需

Q

要「關鍵提問」嗎？如果每一個階段都有事實的探究與意義的形成，那麼分別都有自己的「關鍵提問」是很必然的事情。如果三個階段都需要自己的「關鍵提問」，那它們分別會是什麼呢？

● 導入階段

導入階段是引起學生投入「關鍵理解」探究的階段，這個階段並沒有企圖得到完整的理解，只需要讓學生關注到探索「理解」的必要性。為了更快地引起學生的好奇或困惑，在這個階段便需要運用學生容易意會且單純的事實，如果訊息過於複雜與多樣，學生很容易就注意到或是聯想到與我們預設目的不同的特徵上，讓後續的提問與討論失焦。即使選對了事實，但除了提供的事實是很明顯反直觀的，不然學生通常不太會自己發現好奇與困惑的事情，尤其是我們期望學生最後學習到的是新意義，那就更不容易自己發現問題。

在提出最初「關鍵提問」之前，我們會詢問一下關於事實觀察的基本問題，確認學生對於事實已經有所認識，這時候才會透過最初的探究問題定錨，讓探究聚焦。比如前面〈聰明的楊修〉，最初以說服父母讓自己看海賊王的動畫為例，我們會先提問詢問學生喜歡什麼動畫，為什麼喜歡，看動畫被反對的經驗，為何會被反對，接著才以海賊王為例，要如何以魯夫的正直讓父母知道這是一部好動畫。就在學生回應這些問題後，學生不僅連結了自己的生活經驗，更共同創造了一個向人介紹他人抽象特質的經驗。這時候我們便可以提出最初的「關鍵提問」：「為什麼要跟爸媽說明魯夫是正直的人要說這些事情呢？」最初的「關鍵提問」並非一開始就會提出，而是在學生對現象有認識後才突然提出，將學生的注意力定錨在為何要這樣做呢？就在學生回應之後，老師必須不斷地讓學生解釋與舉證，並彙整大家的想法，在想法愈來愈豐富與一致時，才提出最末的「關鍵提問」：「所以根據我們剛剛的討論，如果我們要讓一個人了解另一個不認識的人的抽象特質時，我們應該要怎麼說才能夠做到呢？」

這個階段的最初問題必須要讓學生有「對啊！為什麼呢？」這樣的靈光一閃，讓他們對理所當然的事情反思意義；最末問題則是對於一連串的討論下結論，這個結論也指向這個階段探究的結論，說明這段經驗的意義。

● 建構階段

這個階段是最常運用課本與結構性教材的階段，不同於導入階段只需要引起學生

Q

對於「理解」的想望，這個階段學生已經對於「關鍵理解」有初步的想法，所以應該讓**學生有意識地帶著想要更清楚理解「關鍵理解」的企圖，展開較為嚴謹與完整的探究過程**。比如語文課程，這個階段以閱讀課文為開始，藉由問題組來引導學生，例如：

「請閱讀整篇文章。有哪些字詞或句子是你看不懂的？」

「這篇文章有幾個段落？每個段落分別在說什麼？」

「這篇文章的主旨是什麼？」

在確認大家對於文意的掌握後，就進入文意分析的問題組，例如：

「為什麼文章會說楊修有學問？」

「為什麼文章會說楊修聰明？」

「楊修為什麼比其他人聰明？」

「你也覺得楊修是聰明的人嗎？」

這些問題組能讓我們更清楚地解析文本主旨是如何被表達的。

課文的閱讀如果到此為止，好像是可以的，因為文意懂了，文本是如何被架構與敘寫的也都知道了，但這樣似乎只是知道文章要表達什麼以及如何表達，然而，我們要透過這篇文本的閱讀形成什麼「關鍵理解」呢？最初的「關鍵提問」在這時候才出現，「為什麼你會相信楊修是聰明的人？」」透過這個問題，讓學生真正體會與反思自己是如何被說服，也相信了這樣的描述讓自己接受了文中主角的特質。唯有自己深刻感受到表達的效果，也理解表達為何能夠有效果，未來才能夠真正賞析與運用這樣的寫作方式。

建構階段的最初「關鍵提問」到這麼後面才出現是很正常的，因為在建構「關鍵理解」之前，必須對於所有的細節做充分的分析，最後才能形成整體意義。最末的「關鍵提問」與導入階段相同，都是在學生相互分享與討論後，經由老師不斷地引導大家解釋與舉證，彙整大家的想法，當想法愈來愈豐富與一致時，便可以提出最末的「關鍵提問」：「如果要介紹一個人個性或能力的特點，要如何描寫？」最末的「關鍵提問」讓這個情境的意義不再局限於特定事實，讓這一段經驗產生脫離這篇文章的抽象意義，使得結果能夠遷移到其他情境中。

● 深化階段

這個階段就像是過去的應用階段，不同的是我們不要重複演練相同的問題，或是模仿之前的題目，只是改一下數字或語詞，但題目的形式幾乎完全相同，這樣的應用

Q

只能熟練，並無法深化「關鍵理解」。這個階段我們必須安排需要運用「關鍵理解」才能處理的新情境，情境的條件和原本導入或建構的事實不同，讓問題變得無法直覺反應與處理。用「關鍵理解」來釐清與理解新情境的事實，因為新條件或新特性的加入，讓「關鍵理解」的意義被補充了，而變得更完整。

比如〈聰明的楊修〉的單元，我們決定讓學生練習以班上同學為對象，撰寫一份人物特質描述的文章，以此作為深化階段：

「那位同學有什麼抽象特質呢？」

「如果要說明他的這項特質，你會怎麼做呢？」

「這幾件他做過的事情如果要放在文章裡面，你會怎麼決定先後次序？為什麼？」

在這個深化的歷程中，不同於導入與建構，我們又帶著學生看見其他的條件，不只是知道人物抽象特質需要透過事件的描述，更思考著原來事件的安排將有助於我們對於這個特質描述的認同。最初的「關鍵理解」如：「如果要說明他的這項特質，你會怎麼做呢？」最末的「關鍵理解」如：「要如何傳神地描寫人的特點？」不只是運用「關鍵理解」的過程可以更清楚原本已經知道的，學生同時還對於「關鍵理解」補充了更多的意義。

每一個情境中的事實都因著階段的目的而有不同，也因著目的的差異，我們會運用各具特性的事實提出強度不同的最初「關鍵提問」，從導入的好奇，到建構的核對，最後到深化的評價，**探究由引起感性的感覺，走向促成理性的分析**。最末「關鍵提問」，對於「關鍵理解」的描述從導入的概述，到建構的闡述，最後到深化的重述，讓我們**對於「關鍵理解」從整體的初步認識，到透過各部分細節來建構對於整體更完整的認識，最後又透過真實運用而豐富了「關鍵理解」的內涵**。

問題組的設計

當我們已經設計完成了每個階段的兩個「關鍵提問」，接下來還需要設計啟動與連結最初與最末「關鍵提問」之間的問題組。問題組的提出是為了引導探究的過程，我們期望以提問作為引導，讓一個生手慢慢進入到專家的歷程。我們從最初要走到哪一個階段的終點？依序要怎麼問？要問哪些問題呢？問問題時請記得，你的每個情境最後收尾，要停在你預期的結果，然後每個情境都會經歷一次「從事實到意義」的過程。問題組的提問是透過對於事實的覺察、觀察、認識、理解、分析與綜合，最後

Q

才能產生抽象概念。

問題組包含兩個部分，第一個部分是最初「關鍵提問」之前的問題，這個部分的問題是要確認現象的資訊，比如在建構階段，這個部分可能就是對於課文的閱讀與文意理解，待確認學生都閱讀完也讀懂了，才會提出最初「關鍵提問」，定錨在這些文本事實後想要探討的意義。第二個部分是最初「關鍵提問」與最末「關鍵提問」之間的問題，這一段的問題是要讓學生進行推理論證，學生對於最初「關鍵提問」提出自己的想法，我們的提問就是要讓學生對於自己的想法進行驗證或評價，讓學生可以舉證，並說明這樣的證據如何支持著自己的想法，最終才以最末「關鍵提問」來收斂，形成意義。

第一個部分的問題組對於事實進行提問，多屬於友善的問題，只要參與其中，都能對事實有一定的掌握；第二個部分的問題組則由具體到抽象、現象分析到概念建立，是相對而言較具挑戰的問題。問題組讓學生從簡單的問題出發，卻帶到抽象度最高的意義，「大處著眼，小處著手」（Think Big, Start Small）用來描述問題組的特性應該是很適切的。

問題組設計還有一件事情需要被刻意安排，那就是在規劃「關鍵理解」的建構之初，我們考慮了學科概念發展，也了解了學生的發展與經驗，後者當然還包含我們預期了學生可能產生的錯誤，這個判斷來自於過往的教學或自己成長的學習經驗，所以我們也會預期有部分或多數的學生可能產生一樣的誤解，這樣的錯誤不能靠老師揭示說明，因為在錯誤沒有發生之前，老師說的學生並無法體會。所以記得在問題組裡刻意安排喔！要讓學生可能的問題可以浮出來，讓某些你覺得可能的錯誤被學生自己看見，學生可能出現的錯誤概念必須讓它發生。

當我們對事實提問時，不能只是提出封閉或確認的問題，學生不能只是看見表象，而是必須逐步透過事實的剖析，形成意義。我們也不能一直只想確認學生聽到沒、知道沒，或問類似填充題的問題，這種問題並無法引導學生反思，無法幫助學生想清楚自己對於事實的感受與想法。我們也不能為了讓學生不要答錯，對一個情境問了十幾個、甚至到二十個問題。讓學生可以順著我們的問題就能直覺回應，不要遇到困難，這種做法不僅無法培養能力，學生也不會停下來思考，更不會與自我對話來澄清自己的理解與不理解。所以問題組不需要設計得太多，問題之間也要保留一些難度來維持學生的持續思考。

此外，我們還必須留意我們使用的語言，是否符合學生的發展程度。請用對應孩

Q

子發展階段的語句和語氣提問，思考我們應該要怎麼問？如果我們沒有先模擬過，只是預想個大概，那麼當我們進行教學時很可能無法及時反應，便對學生問出難以理解的問題或是根本問不出來。此外，先用符合那個孩子年紀的語氣來撰寫你的問題，並盡量避免使用學術性的語氣。

我們刻意安排讓孩子發現他的不知道或沒想到，是讓他進入學習的第一件事，藉由這樣的安排，讓他發現「原來我不會」，或者是「原來這裡有問題！為什麼會這樣？好奇怪！」所以我們在問問題的時候，都是為了讓孩子的想法變得可見，老師就像是一個平台，讓學科跟孩子相遇的平台。

如果偶爾上課或討論時覺得感覺超好的，記得要回想這一次的成功是怎麼發生的，**所有好的探究經驗都不是偶然，千萬不要以為只是自己的狀態好，或是學生的狀態好**，而要去思考：

你到底今天用了什麼方法勾住孩子了？你要去覺察自己上課時孩子的起伏狀態，除了某些課或今天有什麼活動很累，排除這些外在因素以外，去找到：**這一節課你到底做了什麼，讓這群孩子突然被你勾住了？**如果總是不經意地把這樣的事情當成偶然，或是把教學當成「藝術」了，不需要縝密的設計，我們很可能就過於隨興。教學的確是一門藝術，但卻是透過很多設計所創造出來的途徑，這些安排將成為孩子的真實經驗，所以千萬不要在課程進行得很順暢時跟學生說：「如果你們每天都跟今天一樣那該多好。」該要認真思考的是：**因為我們做對了什麼，所以讓學生們跟著做對了什麼，而且我們必須讓這樣的事情常常出現。**

下次請留意，無論是親子互動或課程教學，你的孩子或學生哪一天特別有反應、特別投入，跟你的對話與互動特別好，**請記得反思：你到底做了什麼？**

你一定要找到答案，去探究為什麼今天特別不一樣，去研究你的教學或教養方式是什麼，因為你，才是你自己最值得研究的對象。

Q

提問精要放大鏡

▼提問是因為想要解決困惑，渴望理解成為提問的動力。提問首先觸發了我們開始關注與探索事實背後的意義，接著也引導了思考歷程。

▼關鍵理解的探究必然有個啟動的「關鍵提問」，也有結束的「關鍵提問」，這樣的區別除了代表提問的時間先後，對於探究所能產生的作用也不同，前者是引起好奇與困惑，後者是要聚焦形成意義。

▼每一個情境中的事實都因著階段的目的而有不同，也因著目的而有所差異。我們會運用各具特性的事實提出強度不同的「關鍵提問」，探究由引起感性的感覺，走向促成理性的分析。

▼教師設計的問題組必須能引起對於事實的覺察、觀察、認識、理解、分析與綜合，最終促進學生形成抽象概念。

提問如何更精準？

一個好問題可抵一百萬個好答案，好問題才是人類要追求的。

——凱文・凱利（Kevin Kelly）

閱讀完前四個小節後，你會怎麼重新組織教學中的提問設計呢？我相信大家已經了解，我們首先必須釐清最終的目標，也就是關鍵理解；其次是促成關鍵理解的過程，也就是「專家思維」；以及，在有限時間內安排不同功能與強度的情境，使學生對關鍵理解的掌握由粗略逐漸趨於完整。最後，我們不能忘記一件重要的事情：這段過程的主角不是我們，而是我們要互動的學生或孩子。因此我們必須思考，什麼事實能讓他們有感，什麼樣的事實符合他們的發展階段，能讓他們容易探究。

而提問呢？怎麼都還沒出現在這段討論中呢？提問正是畫龍點睛之處。因為即便你能夠釐清關鍵理解、知道要引導的「專家思維」，也安排了快慢強弱有區別的情境，更考量了讓孩子有感與能體會的事實，但如果沒有好的提問，探究就很難發生了。

從最初啟動思考、到最終形成意義的探究歷程中，「關鍵提問」扮演著關鍵的角色。問題組不僅能夠促成最初的啟動思考，更能為學生鋪設出一條思考與對話的建構之路。

現在我們對各種問題「為何要問」及「該如何問」都已經清楚了，但若想一下筆或一開口就能提出合宜有序的問題，還真不是件容易的事情。如何才能提問得更精準？我想從兩個部分來討論：一個是「我們已經習慣問的問題，該放在哪裡？」，另一個則是「怎樣從隨意提問的結果中

探究「關鍵理解」的提問設計歷程

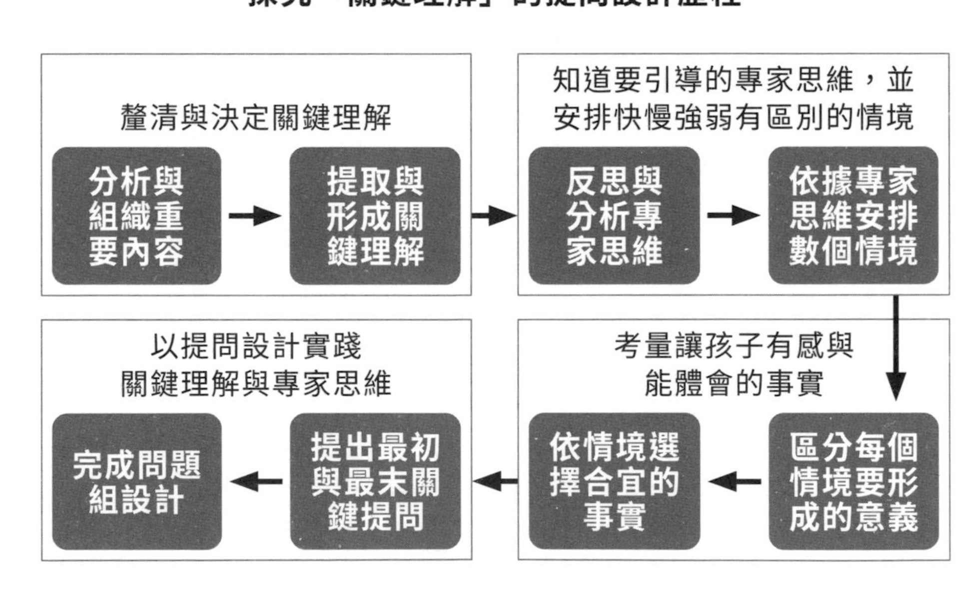

找出精煉的脈絡？」

在日常生活中，其實我們原本就有提問的習慣，覺得奇怪就問「為什麼」，想了解過程就問「事情是如何發生的」，更多的時候我們想要知道結果，所以問「是什麼？是誰？是哪裡？是什麼時候？」我們每天問了這麼多問題，我們理當很會問才對，但我們卻在引導學生的過程中遇到不少困難，難道是這些問法不適用嗎？還是我們根本沒用對時機呢？

WHY該怎麼用？

明明已經知道了事實，卻問了「為什麼」，那必然是感到好奇或是困惑：「我知道是這樣啊，但為什麼會是這樣？」**「為什麼」常用於定錨探究的焦點，最適合用在最初的「關鍵提問」**，因為最初的「關鍵提問」啟動了對意義的探究，而「為什麼」是指向意義。

通常「為什麼」的問題是相對劇烈，迫使思考者向內詢問自己是如何認知這件事情、又是如何理解意義。如果未曾想過或是不理解一件事，我們就會先猜想並提出暫時的想法。我們很難只憑問「為什麼」就得到答案，在問這個問題之前，我們必然問

Q

了許多釐清事實的問題，直到最後，我們將這一段知道事實的歷程結束在「為什麼」的問題上，將注意力從事實認識轉移到意義理解上。

對於許多老師來說，要提出「為什麼」的問題其實是不太容易的，因為問這個問題的前提是必須要有疑問產生，但老師因為過於熟悉教學內容，思路也自動化了，比起學生而言更常會將這些內容視為理所當然，所以更常問的問題是「是什麼」，因為我們只是想確認學生看懂了事實。

提出「為什麼」的問題將調整或改變我們看事情的視角，我們才有可能去看見不一樣的事情，用好奇心去找出答案並發現意義。教師透過最初的「為什麼」幫助學生發現感到好奇或困惑之處，而透過不同情境間一連串的「為什麼」，我們帶著學生愈看愈深，愈來愈遠離事實，形成抽象意義。

HOW該怎麼用？

這裡的「如何」，不是單純想要了解一件事情的解決方法。在「關鍵理解」的探究過程，我們以「為什麼」的問題聚斂於事實的認識，找到問題值得繼續深究的切入點。而「如何」的問題則幫忙我們通往找尋意義的路程，「跳脫事實的表象，思考事實（現象）是如何產生的？」、「跳脫事實的直覺，思考現象的感受是如何產生的？」跳脫固定的思維或流程，發現事實或現象被形成的方式，透過這樣的提問，讓事實的探究開始朝向意義的理解。

提問「這個事實是如何產生的」，帶領我們開始了解事物運作的原理，在掌握事物運作的原理後，就能形成可遷移的意義。提問「這個事實所引起的感受是如何產生的」，我們開始思考：感受是如何被引起的？這樣的連結是如何產生的？藉此能夠跳脫停留在感受的層面，發現感受所代表的意義。「如何」的問題接續著「為什麼」的問題，為了解答「為什麼」，開始分析事情是如何發生的，進入預測、推論與推理的思考歷程。**用「如何」的問題，打開我們的想像，開始猜想與推論可能的答案。**

WHAT 該怎麼用？

「是什麼」的問題會在什麼情形被提出呢？首先，這類問題會在對事實進行掃描時被提出，也就是在最初的「關鍵提問」之前，這時我們可能會問的是擷取事實訊息

Q

的問題，找出重要且有用的訊息，我們也會詢問事實理解的問題，整理事實內容、趨勢、類別、背景、人物、事件等，知道事實內或事實間的關係。而最初的「關鍵提問」提出後，因為解決「為什麼」的欲望被啟動了，我們先開始處理「如何」的問題，透過猜測與推論而有了初步想法，這時候「什麼」的問題就要登場了。例如：

- **為什麼看了這幅畫我們會有溫暖的感覺呢？**
- **這樣的感覺是如何被創造而產生的呢？**
- **透過色彩帶給人不同感受所運用的原則是什麼？**
- **這樣的原則在其他的作品或其他的領域有什麼相同的效果嗎？**

定錨一個焦點，思考各種可能，專注於一個想法，動手產生具體的結果或結論，才有機會測試是否合理，才有可能找到可遷移到更大範圍的「關鍵理解」。**與其過度思考，不如立刻嘗試，透過「什麼」的問題產生落地的具體結果，讓我們可以進一步評估**。

有時候在工作坊時，我會聽到老師說：「如果每次提問設計都這麼麻煩，那我根本就沒有時間設計啊！」我往往會回應：「我也覺得是這樣。」這樣回應，我好像變成自相矛盾的人了？這一篇所提到關於提問的實踐，除了方法之外，更重要的是連結第一篇與第二篇，讓我們更清楚知道：為何要問，以及提問要引起什麼。提供流程並非是要大家依據步驟來操作，而是透過步驟提醒過程中該思考哪些事情，以及這些事情之間有什麼關聯。換言之，如果我們能夠掌握思考的重點，不斷地反覆練習，我們就不會受限於這些步驟，而能夠隨心所欲地依據實際狀況，更快速地提出有意義的問題。

如果提問的SOP不是這裡要倡導的，那我們來看看我們可以怎麼提出問題，第一種就是根據前面所談的思考歷程，依序將問題提出與完成，但另一種情形是，雖然分析好了，也找到了「關鍵理解」，安排了情境和事實，接下來我會建議老師先想想這個情境有哪些問題可以問，把它們全部列出來，再來排合理的邏輯順序，讓它可以走到這個終點，如果不足，就增加，最後再抽掉細瑣不必要的問題，留下該問的。美國創新領域專家華倫・伯格（Warren Berger）在《從Q到Q+》（*The Book of Beautiful Questions: The Powerful Questions That Will Help You Decide, Create, Connect, and Lead*）中介紹了「問對問題研究所」（Right Question Institute）對於「問題構思」和「問題優化」的技巧，雖然這兩個技巧是運用在企業界，關心的主題與目的也和教育

Q

有所區別，但我們可以將其轉化為課堂中或生活中的提問歷程。

● 問題構思

有時候你對於某些課程很熟悉了，或是你對於有些問題情境有很多想法，所以直接依序提出一連串的問題。但有時則是我們真的不知道該怎麼問或該問哪些問題，這時候就把所有你覺得可以問的都先列出來，再去排怎麼樣的順序適合發展的順序，並保留問題之間的落差，不要搭太細的鷹架，保留一點空間，讓學生能夠因為困惑而警覺，保持思考的狀態。步驟如下：

1. 提出問題的焦點：決定問題想探討的「關鍵理解」，這個時候可以先以一些短詞來描述現象，之後才彙整後給予定義。

2. 提出相關的問題：在限定時間內提出問題，愈多問題愈好，先不要思考哪個問題比較好，也不用為了想增加提問數量而勉強提問。

3. 改寫現有的問題：開始改寫剛剛提出的問題，語氣、用語或是問法，看看不同的問法有何差異。

4. 將合適問題排序：選出幾個你覺得比較好的問題，這些問題是能夠引起興趣或困惑，以及可以促進思考的。

5. 想像思考的歷程：想像學生在回答問題時會經歷的思考歷程，確認提問確實可引起「專家思維」的過程，最終也能夠讓學生形成「關鍵理解」。

6. 填補思考的斷裂：如果想像的過程中發現歷程間出現斷裂，則將缺漏的問題補上，重新模擬與思考一遍，確認沒有不合邏輯之處。這裡的填補並非是要大家設計很細的鷹架，僅是對於跳躍或不合邏輯之處做調整。

● 問題優化

問題問完後，除了確認問題的脈絡符合「專家思維」，也能產生「關鍵理解」外，我們還是期望能夠問得更好，讓學生想得更廣、更深或更精準，所以接下來就要優化問題，作為最後完工前的重要工程。

1. 擴大思考的問題：有時候我們要的不只是「是／否」的問題，這時就必須將問題從封閉式轉變成開放式。例如：從「自開始以來事物有改變嗎？」變成：「自開始以來事物發生了什麼變化？」

2. 阻礙思考的問題：有時候你需要的是封閉式的問題，以便找到有預設立場的問題。例如：從「為什麼我們會有這個問題？」變成：「這是問題嗎？」

3. 聚焦思考的問題：有時候精準的問題會幫助我們取得更好的答案。例如：從「疫情的變化如何影響我們？」變成：「第三級警戒如何影響我們？」

4. 深化思考的問題：有時候追根究柢常常會讓我們發現新問題，例如：從「你最擔心的影響是什麼？」變成：「你最擔心的影響是什麼？為什麼？」

5. 友善追問的問題：有時候追問會造成學生的壓力，誤以為自己是否回答的不合宜，為了避免這個問題，我們要調整提問的態度。例如：從「你為什麼會那麼做？」變成：「我很好奇，想知道你為什麼會採取那種方式？」

6. 客觀立場的問題：有時候問題會潛藏我們的立場，或是暗示對方我們的想法。例如：從「那個汙染很嚴重吧？」變成：「你覺得那個城市的汙染情形如何？」再變成：「你可以描述影片中城市的情形嗎？」

NG的提問

提問沒有成功，如果排除學生無法回答的因素之外，我們應該想想看，我們是否透過提問，建構了可以讓學生參與及思考的路徑？還是我們根本就是讓學生無法思考的人？

● 限制性提問：學生要能讀心

我們對於現象的探索有預期的答案，這似乎很正常，但有時候卻可能會讓提問的過程變得很災難。一種情況是，對於有開放答案的提問設定了標準答案，我們對於文本或資訊做了判斷，形成了看法，當學生說出的答案與我們不同時，我們就先判斷他是錯誤的，卻不先詢問他是如何判斷的，這麼一來，將錯失理解學生思考的機會，也失去一次了解學生推理能力的機會。另一種情況是，沒有提供思考過程中需要的條件。我常常提醒老師注意一件事情：我們在解決問題的過程中啟動了什麼。如果過程中需要啟動的是我們腦中的已知知識或經驗，而這個知識或經驗是學生沒有的，那麼我們就要留意，是不是因為缺乏提供訊息給學生，因而讓學生無法解決問題。

● 跳躍式提問：學生要反應快

有些時候我們會遇到一種被人詢問的過程，一會兒問東，一會兒問西；一下子問

Q

事實層次的問題，一下子問意義層次的問題。這些問題雖然都與當下要處理的問題有關，但問題的提出缺乏脈絡關係，也無法引導學生做深入思考，反而打亂了學生的思緒，成為學生無法思考的根源。

批判性提問：學生要有強心臟

我們對於學生的追問有時候會不經意透露我們對於他的評價，例如：

「你為什麼會有這麼奇怪的想法？」

「你不覺得這樣有點違背剛剛的情形嗎？」

「我覺得你的想法不太合理？」

我相信多數的情形下，絕大多數的老師都會控制自己不說出這麼有批判性的話語，但這種詞彙的出現通常都是在師生快速對話中無意識出現的。當學生接收到代表特定意義的評價時，是否還能夠好好思考，就因人而異了。

耗損性提問：學生用錯力量

這幾年，很常聽到老師們說「參加了一個很燒腦的工作坊」，「燒腦」這個詞描述了他們辛苦理解與完成任務的情形，但不同的工作坊為何會燒腦，原因卻可能大不同。有時候是因為被太多名詞或複雜的規範弄到腦袋打結，但有時候則是因為想不清楚自己想做什麼，或是想不出來用什麼方式可以達成目的而傷腦筋，前者用力在理解要求，後者用力在理解自己，我們期望發生的是哪一種呢？

在教室裡也有相似的情形，我們的提問是否讓學生用對力氣，讓認知負荷聚焦在「關鍵理解」的探究上？什麼是讓學生用對力氣？那就是為了探究「關鍵理解」，在釐清自己的理解，這種燒腦就是必要的。但如果是因為老師的任務設計，讓學生分心於理解任務規則，或是任務本身已經占去太多的工作區，讓學生沒有餘力思考自己的思考，那這就是用錯力氣了。

讓自己成爲更好的提問者

除了前述對於讓提問簡化、優化與一些提醒外，想要成為更好的提問者，還有以下幾個我們能努力的地方：一、**提問的精確度**：掌握學科專業；二、**提問的敏銳度**：創造思考引導；三、**提問的反思性**：增進自我覺察。

Q

專業知識的掌握

老師要對於學科概念的發展有整體的認識，才會知道這次的課程設計和後面其他單元的「關鍵理解」是一致的。我們會在某一個單元花很多時間來磨練學生的「專家思維」，以確定「關鍵理解」的掌握是完備的，這樣在後面的單元中，在學生自行閱讀理解後，老師僅需要透過幾個問題，便能讓學生遷移已經習得的關鍵理解，快速地理解與習得新單元了。所以實際上，我們並不需要每一個單元都做成這麼繁複或龐大的設計，只要能夠分析與掌握一個課程的發展脈絡，我們就會知道如何將不同單元相互連結，更能有效地運用時間。

老師該如何精進自己的學科專業呢？最好的方式是在設計課程的過程中重新學習一次。但明明已經會的東西，要怎麼重新學習呢？過去的學習常常都是以能夠聽懂或是解答問題就滿足了，但重新學習時，我們必須要多問「為什麼」，直到我們完全理解事物最根本的道理。除此之外，我們也必須常思考不同單元或不同概念之間的關係，以及為何這些內容會成為這個學科中重要且需要被討論的內容，藉此更清楚學科的本質。

老師甚至可以把大學的教科書拿出來重看。要把課程設計好，我們必須真的懂這個學科，唯有真正搞懂它是什麼，我們才能轉化成孩子可以探究的歷程，也才能使用學生們聽得懂的語言。所以千萬不要漏掉精進學科專業這一點，否則只求精進課程設計與教學技巧，很可能就淪為只是在耍花招，但實質內涵仍是空的，看起來上課很熱鬧，但是孩子的根基卻會被淘空。課程設計和提問設計都是一樣的道理，學科是根基，你的底蘊要夠厚，才有辦法設計一堂好的課程。

● 學生思考的創造

除了「關鍵理解」建構之路的安排之外，如果我們想要引導學生思考，我們必須更仔細地解析我們的提問引出了什麼。我們的問題到底是關心事實，還是關心意義？

1a. 你為什麼那樣做？

1b. 當你那麼做的時候，你在想什麼？

2a. 這是一個好的選擇嗎？

2b. 你判斷一個選擇的好壞是用什麼樣的標準？

上面的問題有什麼差異呢？相同數字代表同一個情境下的問題，英文字母 a 的問

Q ______________

____

題關注的是結果，這樣的問題提出後，我們將使學生只會本能地回應我們他看見的結果，而英文字母b的問題關注的是這些結果是如何產生的，我們會引起的是學生反思這個過程中自己做了什麼，經過了什麼判斷，為何最後是如此。學生也許在解決問題的過程中並未思考，因為我們提問了，他們才開始解析自己的無意識，這些自動化代表了學生腦中是如何連結事實與意義，讓他直覺做出了這樣的行為。這樣的反思讓學生產生了描述自己思考歷程的文本，當思考歷程離開了腦中成為一個獨立的文本，學生才有機會分析自己的想法是對或是錯。我們該要注意的是我們的提問是助長了學生的本能，還是培養了他們後天的思考呢？

● 自我監控的習慣

在設計課程的過程中，我們需要不斷地自我監控，不斷地覺察自己是如何發現「關鍵理解」，自己又是怎麼思考的，這樣的思考過程是不是已經切分得夠仔細，有沒有漏掉了什麼。而在提問引導學生的過程，我們更需要不斷地自我監控，覺察自己說得夠清楚嗎？學生的表情與回應代表了什麼意義？學生確實知道我的每個任務說明或問題之間的關係嗎？學生的回答代表了什麼意思？我應該做什麼來幫助他們發現自己的盲點或矛盾？學生是否需要我介入更多？我目前的介入是否合適呢？

因此，拜託你在面對學生時只要先做一件事：不斷的透過自我監控，確認自己為什麼要這樣做；如果我要讓孩子產生這樣的思考歷程與形成最終的理解，我應該怎麼做，我應該怎麼調整，這些都不是只憑感覺就能任意處理的。

把提問變成思考的習慣

提問是一件很慎重、但絕不是一件很沉重的事情。當我們對於提問有了更多的了解，掌握了提問的哲理，也知道提問出現的情境與脈絡之特性，再經由分析與提取「關鍵理解」，確認了提問的目的，安排了引起「專家思維」的歷程，選定了可以讓學生有感、且適合各階段情境的事實後，就可以順利開展「關鍵提問」與問題組。

老師在進入課堂前準備了對的問題，提問當場發現了需要適時增加的引導，從事前的準備到教學中提問的當下都要自我覺察，讓自己能夠有意識地做出合宜的引導與判斷。由此看來，提問不是件隨意的事情，因為它不僅是找到答案的方法，也是培養思考習慣的歷程。讓我們把不熟悉的事情變成習慣，那麼要問出對的問題就不難了。

Q

提問精要放大鏡

▼「為什麼」常用於定錨探究的焦點，最適合用在最初的「關鍵提問」，這樣的問題將調整或改變我們看事情的視角，讓我們看見不一樣的事情，用好奇心去找出答案並發現意義。

▼「如何」的問題能幫忙我們通往找尋意義的路程，跳脫事實的表象，思考事實與現象的感受是如何產生的，跳脫固定的思維或流程，發現事實或現象形成的方式，讓事實的探究開始朝向意義的理解。

▼「是什麼」的問題可以運用在了解問題背景，以及對於探究形成具體的結果，透過「什麼」的問題產生落地的具體結果，讓我們可以進一步評估。

▼教師如果要成為更好的提問者，需要掌握三件事：一、提問的精確度：掌握學科專業；二、提問的敏銳度：創造思考引導；三、提問的反思性：增進自我覺察。

WHEN & WHO

問「用」篇

問對了嗎？

提問時除了要想清楚「為什麼問」以及「如何問」以外，更重要的是要去思考，對於不同的情境與不同的對象，我們是否「問對問題」了？

多數時候我們不會太在意提問是否合宜，只是憑著本能問出直覺反應的問題，但唯有當我們在乎結果時，我們才可能細心斟酌該怎麼問才好。這樣的情形最常出現在當面對我們在乎的人，像是親子之間；又比如當我們有期望的目的必須達成，像是在工作場域中。因此，當面對不同情境與不同對象時，能夠適當地運用提問，便成為一個重要的課題。

親子教養如何用心問？

想吸引任何人，只要詢問對方意見，並且用心聆聽就可以了。
——邁爾康・富比士（Malcolm Forbes）

面對孩子的教養問題，總存在著許多不同派典的爭辯，有的人認為應該妥善安排孩子的學習，給予必要的課程與要求，未來才能有所成就；有的人則認為應該讓孩子學習做自己的主人，給予探索自己及世界的機會，甚至包容犯錯的可能，未來才能活出意義。對於沒有那麼極端的中間派家長來說，在該不該介入孩子成長的課題上也常有猶豫，有時候覺得應該直接告訴孩子該怎麼做，避免孩子走冤枉路或陷入不知所措的焦慮，可是又擔心未來孩子會不會太過依賴；有時候則覺得應該要引導孩子，讓孩子在獨立探索中培養思考力與獨立性，但心中又不免擔心：如果不管他，就真的能達到目的嗎？

「教養」這件事情就像是教改，如果我們將重點放在「哪個教養方式才是最好的？」，多半永遠無法爭出個是非對錯。或許我們應該來想想：「關於孩子，什麼才是所有人最在乎的事情？」這樣一來就比較容易得到有共識的答案，畢竟不管是期望孩子未來能擁有高成就或是能找到自己，大家都希望孩子能懂得思考。無論教養目的是要讓孩子擁有優異的學業表現，或是能夠做出好的思辨選擇，成功的關鍵都在於他們能否思考。

家庭是最早培養孩子思考的場域，父母是最早與孩子的天生思考潛能相遇的人，我們的一言一行以及親子間的互動方式，對孩子來說都是最直接的「示範」，示範著該如何解讀事情，又該如何回應事情。回想一下自己平常跟孩子對話的樣子，我們的態度和標準是否都很一致？還是會隨著我們忙碌與否或心情起伏而有差異？我們該怎麼把握每天十分有限且寶貴的親子互動時間呢？

原來我是這樣問

如果我們想要透過好的提問來促進孩子的思考與發展，那麼應該先檢視我們現在是「何時問」及「怎麼問」的。以學齡期孩子的親子互動為例，常見的互動情境有「家庭生活」、「學習活動」、「同儕交友」與「生涯發展」等四大情境。請你回想一下，下列哪些問題曾經出現在你與孩子的對話中？

- **「你什麼時候才要整理房間？」**
- **「你今天有什麼作業？」**
- **「你們怎麼聊這麼久，在聊什麼？」**
- **「你想讀什麼學校？」**

大人經常問孩子許多問題，是因為想要知道問題的答案。想知道答案是人之常情，但為什麼我們會想要知道？有時我們是想要掌握情形、知道現況，才能對將要發生的事情提早預備；有時則是我們想要表示關心，透過詢問，有機會參與孩子的生活。還有一種可能則是純粹想要和孩子互動，沒有特別的目的與動機，就只是對話的一部分，不太需要孩子給出一個明確的答案。從以上三種情形，我們可以整理出大人向孩子提問的幾個目的：

Q ______________________

____

● 掌握情形

透過觀察孩子的言行，或根據孩子的生活與學校作息，當覺察可能有事情發生（像是孩子今天跟同學講電話的聲音很激動）或特定事情發生後（像是孩子剛考完月考），這時父母會提出問題，了解事情的發展或結果，據此作進一步思考，採取相應的行動。

● 表達關心

同樣是透過觀察孩子的言行，或是知道孩子最近有重要的事情，父母在覺察可能有事情發生或是在特定事件的時間點，便會利用提問來了解孩子的感受與狀態。表達關心和掌握情形乍看之下很相近，但差別在於親子的互動模式，還有提問討論後的行動。如果父母平時就是在乎孩子的感受先於事件的結果，這時的提問會讓孩子感受到的是父母的關心，而這樣的提問後，父母多半會有鼓勵或支持的語言出現。

● 找話題談

「在同一個空間中，如果不找話聊，似乎空氣就凝結了。」你會覺得這是在描述親子互動的場景嗎？在現代雙薪家庭與責任制的工作模式下，這樣的情形確實存在著，因為沒有餘力持續關心及參與孩子的成長過程，使得親子之間的話題變得很表層。這樣的提問並非是想要答案，只是希望多些互動罷了。

促進思考

介紹完上述三個提問目的，我要談談第四個提問目的，那就是「促進思考」。為什麼我要把它特別獨立出來，不跟剛剛其他三種情境一起討論呢？這是因為前面三個提問目的比較傾向於直接性的反應，不管針對的是「事」還是「人」，都是追隨自身感受而做的事情。促進思考的提問，並不是希望得到孩子直覺性的回應與答案，而是孩子聽到問題後，能夠重新反思、觀察與分析後才做出的回應。

所謂「促進思考」的問題是指父母根據不同情境的脈絡，掌握預定引導孩子思考的「關鍵理解」，進而提出能夠引起思考而非行為的問題，透過對話來釐清想法。像是：「什麼情況下我們會想整理房間？」、「你晚上有安排什麼重要的事情要做嗎？」、「你同學發生什麼事情了？聽你的聲音好像很擔心他？」、「如果要選學校，你比較在意學校具備哪些條件？」即便孩子暫時還無法想清楚、沒能馬上做出決定，

Q

但這樣的提問能夠引導他看見事情不同的範疇或切入點。

促進思考的問題有時候不只是換一種問法而已，也可能是接續原本的問題繼續問其他的問題。剛開始試著提出促進思考的問題時，往往會感到不太容易，需要刻意為之，這是因為我們還沒養成這樣的習慣，但愈常這麼做，我們就愈容易自然而然地提出這樣的問題。

意義與行動的改變

在討論如何提出能促進思考的提問時，我想再深入探討這種提問的目的與意義。

每個父母在孩子剛出生時，最單純的心願就是希望他能平安、健康，隨著孩子漸漸成長，你的心願又是什麼？以我來說，我想的是該如何讓孩子能夠真正地去認識這個世界，讓他的天性可以獲得好的發揮與鍛鍊。面對不同年紀的他們，該要如何啟動他們與世界的互動？應當要關注周遭的什麼事情？又有哪些是該要探究與理解的呢？因為這樣，我總會問自己三個問題：

- **你有把握機會，讓孩子永遠對於世界感到好奇嗎？**
- **你有把握機會，讓孩子能夠真正觀察這個世界嗎？**
- **你有把握機會，讓孩子思考世界的知識與運作嗎？**

如果有，請繼續問自己：在每個片刻發生時，我是如何保護了孩子的本能得到更好的發展？在這樣的作為後，我是不是讓孩子更熱愛探索這個世界了呢？

當孩子在國小階段時，我是否覺察到他成長的變化，並透過我的引導與提問，支持他從碎片式的自我表達成長到邏輯性的互動表達；使他從具體直覺的反應成長到抽象推論的思考？

當孩子在中學階段時，我是否能夠以平等的關係對他提問並與他討論，引導他能對客觀的事實做分析判斷並提出觀點；使他能自主規劃學習，並評估需要而採取行動；陪伴他能探索未來發展，有初步想法並持續試探？

「提問」絕不是學習一種技巧，必須先轉變的是提問背後的目的，才有可能讓我們營造出能促成親子提問所需的環境，讓友善與有意義的對話成為互動的常態，也讓思考成為親子互動的樂趣。在促進孩子思考的對話過程與成長歷程中，成人是陪著孩

Q

子成長，那是一種漸趨平等的夥伴關係，這時的提問才可能產生真正的反思與討論。

親子提問對話的關鍵

記得我女兒小時候特別喜歡到廚房與我聊天，在觀察煮飯的過程，她總是不斷地向我提問。比如說，當我開瓦斯爐時，她會問：「火從哪裡來的？」；當我把菜加進鹽巴時，她會問：「加的這個是什麼？」；當我翻炒菜餚時，她會問：「為什麼你要一直這樣動來動去？」總之，她總是會追著我問一連串的問題。

想一想，過去當面對孩子的問題，你願意回應多少？你又會如何回應？如果你在家裡做家事，或者你在學校做事情，你都可以試著認真傾聽看看，透過小朋友的提問，你就會發現自己錯過了些什麼。我們的生活中有很多的理所當然，對孩子來說都是值得被探究的事情。不因為我們長大成人了，就剝奪了孩子在成長過程中該有的探索歷程，這是親子互動、也是師生互動要時時自我提醒的重點。

親子間的提問對話有三個關鍵：

● 把握提問的時機

當孩子說出好奇或困惑的話語，或表現出好奇或困惑的表情時，我們就該提問了。選在這個時機繼續問下去，並不是想看看我的孩子是不是好聰明，或是會說出什麼驚人之語，而是要透過提問，發展孩子的觀察、分析與推論能力。比如說，當一個三歲的孩子在賣場看到一位白化症患者，便一直好奇地用眼神追逐著他，家長發現後於是開啟這段親子對話：

家長：「姊姊，你在看那個人嗎？」
孩子：「嗯！」
家長：「為什麼會想一直看著他呢？」
孩子：「他白白的。」
家長：「是不是和我們不一樣？」
孩子：「對，會怕怕……」
家長：「為什麼不一樣就怕怕呢？」
孩子：「不知道。」

Q

家長：「他有看到你在看他，你喜歡別人這樣看你嗎？」

（孩子搖頭，不出聲）

家長：「為什麼不喜歡？」

孩子：「就是不喜歡。」

家長：「如果你不喜歡人家看你，那我們還要看他嗎？」

（孩子搖頭）

當孩子還小、還無法用理性方式描述自己的感受，我們可以透過提問，讓他有辦法整理自己的感受，理解狀況並採取行動。如果這樣的時機沒有善用提問，而是用一句「不要一直看」就制止了孩子的行為，這樣的回應方式不僅無法讓孩子透過思考而產生意義，同時也錯失一次促進思考的刺激，讓孩子少了一次有意義的經驗。

● 提出中性的問題

與孩子對話時，最怕的就是你的提問已經暗示了你的答案或期待，這將讓孩子對這個問題失去興趣，不再繼續探索。比如說，下面這段是家長與中年級孩子在發下期中考卷後的親子對話過程：

家長：「弟弟，這次又沒寫完考卷了，是嗎？」

孩子：「嗯。」

家長：「老師說你後來重寫都會，所以不是不會，而是寫太慢？」

（孩子不出聲）

家長：「你是不專心才寫太慢嗎？」

孩子：「才不是。」

家長：「以後要專心一點，下次要寫快一點喔。」

如果問的是不同問題，情況會有什麼不同？

比如說，家長可能一開始會根據孩子平常寫作業不專心的情形，認為孩子是因為不專心而寫不完，於是開始透過寫作業來讓孩子練習專注力。然而，之後的期中考中依然發生寫不完的情形，這時就要繼續考量其他的可能原因。

如果家長認真觀察孩子書寫作業的過程，也許會注意到孩子的握筆姿勢不太標

Q

準，因為這樣的握筆方法造成寫字時很吃力，因此寫完第一面考卷應該就沒有時間寫第二面了。於是我們可以找適當時機跟孩子對談，問他：「你趕著寫作業或考卷時，手會覺得痠或痛嗎？」並嘗試讓他練習改善握筆的方式及力道。這樣一來，不僅讓孩子書寫時感覺更輕鬆愉快，也解決了試卷寫不完的問題。許多時候，家長的問題會讓孩子不想繼續思考與討論，是因為既然我們心中已經有答案了，為什麼還要假裝問問題呢？

● 促進思考的用語

延續第三篇的提醒，如果要問對問題，我們首先要帶著孩子好好掃描問題的基本情形，接下來便針對一些與我們過去經驗不同或是引起我們注意的事情，提出「為什麼」的問題，藉此定錨我們後續討論的焦點。

在這個焦點的背後，必然是對接下來這段探究之路的關鍵理解。當「為什麼」的問題提出後，我們將進一步提出「如何」的問題，例如：「它是如何發生的？是如何變化的？」

當然，我們可能不會用「如何」這個詞，而會用口語上更常用的問法，例如：

「它是怎麼發生的?怎麼變成這樣的?」最後，才能引導孩子將這一連串分析或推測過程聚斂成具體的結果，例如問孩子：「所以我們可以怎麼做?所以這個東西是什麼?」

那些為我們已經視爲理所當然的事情，往往卻是孩子成長過程中正在經歷的事情；當我們以過來人的角度直接快速判斷了意義，卻忘記我們當初是如何才知道了這個意義。我們遺失了好奇心，讓我們無法提出好問題，這時候只有孩子能成為我們的老師，透過他們的眼，發現原來每一件事情都很特別，每一件事情都讓人好想知道爲什麼。就如同在基礎科學發展的過程中，能有新發現、新突破的，往往都是年輕科學學家，因爲他會看見資深科學家無法覺察並視為理所當然的事物。

當我們不知道什麼時候該提問時，請找你最重要的老師，也就是你的孩子。我們必須開始挑戰自己對已知事物的看法，不斷問自己：「爲什麼一定要用這個方法，難道沒有別種可能嗎?」當我們能夠開始不斷地對已經視爲理所當然的事物提出問題，我們才會思考該如何將其轉換為可以帶孩子探討的問題，這不只是為了促進孩子的思考與引起探究，也可以成為我們的探究之路，讓我們與孩子產生更多的對話。

當我們把握住對的時機，也願意以開放的心跟孩子一起探究，用客觀中性的語

Q ____________________

____

詞，透過不同的問句，從廣泛的了解現象到聚焦問題並深入探究，再到分析現象背後的事理，最後決定意義。這不僅僅是提出一個問題，更是向孩子示範成為一個提問者所需的思考歷程與態度。

透過我們的用心提問，將開啟孩子對世界的探索。我們不僅激發了孩子的成長，更在有序的提問中梳理了他們跳躍的思考，深化了他們對事物的理解，培養了他們追根究柢的勇氣與習慣，這才是提問最可貴之處。

提問精要放大鏡

- ▼父母要常常對孩子提出「促進思考」的問題，根據不同情境的脈絡，掌握預定引導孩子思考的關鍵理解，進而提出能夠引起思考而非行為的問題，透過對話來釐清想法。
- ▼營造出能促成親子提問所需的環境，讓友善與有意義的對話成為互動的常態，在促進孩子思考的對話過程與成長歷程中，成人是陪著孩子成長，那是一種漸趨平等的夥伴關係，這樣的提問才可能產生真正的反思與討論。
- ▼親子間的提問對話有三個關鍵：把握提問的時機、提出中性的問題，促進思考的用語。
- ▼父母透過不同的問句，從廣泛的了解現象，到聚焦問題並深入探究，到分析現象背後的事理，到最後決定意義，更同時向孩子示範成為一個提問者所需的思考歷程與態度。

學校學習如何精心問？

好奇心可以在正規教育中保存下來，真是奇蹟。

——愛因斯坦

老師不想在課堂提問嗎？

學校不想引導學生思考嗎？

當然不是，那麼為什麼我們還需要討論「學校學習如何精心問」這件事呢？

所有老師心中的期待應該是學生有一天不需要老師，如果他們一直依賴我們，無法獨立，我們會怪自己沒有盡到老師的責任。所以我們在教學生的時候會牽著他的手，一步一步地陪著他走，就是希望有一天可以放手，讓他自己可以走得更有自信、更穩當。

因此，老師在正式與非正式課程與教學的過程中，一定要把必須教給學生的認知能力安排在教學歷程之中，如果不把這些重要能力安排進去，不讓孩子自己經歷探究的歷程，那麼這樣的教學安排並不是課程，只是體驗。然而，學生人數太多，授課時間太短，這一類的現實問題總讓人妥協，但卻也日復一日地重複與累積著對於自己的不滿意，或是對於工作的無力感。面對這樣的困境，該怎麼辦呢？

原來我是這樣問

我相信對於一個老師來說，沒有人會把課堂的重點放在「讓老師自己得到更多知識」，既然如此，為什麼老師要擔心學生讀不懂而要不斷地解釋給他聽呢？這樣的話，學生什麼時候才能學會自己閱讀？

其實老師在課堂中並非沒有提問，例如我們會對於文本的特定內容進行提問，讓學生學習擷取訊息，也會提出有關文意摘要或文意解釋的提問，讓學生學習……。但遇到真正要做跨段落或連結過去經驗的思考時，老師常常都會因為過於擔心，而給予學生許多提示或甚至自己就先解答了。不只是閱讀，在觀察、分析與推理上也是一樣的情形。這就是老師在提問上常出現問題的**第一種類型，擔心學生能力不足，所以只提出較低階的提問，而沒有嘗試著逐步安排促進學生思考發展的引導與提問歷程**。建

Q

議老師錄下自己課堂與學生的對話，這將使我們更清楚自己的提問，也是優化自己提問的第一步。

有些老師則會認真地對學生提出問題，也勇敢地放手讓學生自己找出答案，但實際運作起來卻似乎困難重重。這種情形又是如何發生的呢？老師在提問上常出現問題的**第二種類型，以為提問只是想得到特定答案或是只想引起特定推論的歷程，因此給定許多條件設定或限制，條件之間的關係又不清楚，因此框限或阻礙了答案的可能性與推理的過程**。換言之，我們對於答案如何產生有自己的想法，所以給了許多我們認為可以組合出答案的資料或提示，但資料之間的關係並不明顯，也無法推測，學生無法掌握老師的思緒便無法接近預設的答案，也無法產生如老師一樣的思考。這種類型的提問常常讓老師感到沮喪，因為學生總是無法有好的回應，甚至造成課程秩序的混亂，結果學生不僅沒有學得更好，更可能耗去許多課堂時間。

老師在提問上常出現問題的**第三種類型是，錯以為能促進豐富的師生對話就是引導思考的好提問**。有時候，我們會以課堂中精采的師生對話作為追求的目標，卻忽略了有些課堂上的對話並沒有引起學生的思考，僅僅是讓學生以本能或直覺進行回應。當你發現師生之間的對話快速且不假思索，就必須注意到，此時的提問是否只是引出學生已知的知識或單憑感覺的回應，並沒有讓學生在該情境中獲得深度的思考或新的學習。每一個新學習，包含兩種可能的情形：一種是對於已知的概念增加新的例子，而擴大了意義的豐富性；另一種則是全新的概念，探究事實背後的意義。既然是新的理解，過程中必然會經歷需要停頓與反思的過程，藉此分析與推理出新的意義。如果學生長時間都習慣以直覺做回應，則有可能養成學生不審慎思考的習慣。

我們在課堂上應該關注的不只是「我該為何說、說什麼與怎麼說」，另一件重要的事情是「我是否掌握了學生的學習與理解」。我們常常在提問時是為了想要知道「學生知不知道我想要的答案」，而不是「我能不能知道學生是怎麼想這件事的」，所以經常會發生一種情況，那就是當我們問出一個問題後，太急著想要得到自己預設的答案，最後得到的結果就是「學生跟我們之間的距離」，意思是指：學生目前對於問題相關訊息的理解相對應於我們發現的事情，原來還有這麼遠的距離。

有些老師往往聽到學生說出錯誤的答案，便判斷成學生聽不懂或不會，於是急著跟學生做解釋，而忽略了一件更重要的事：即使我們沒有問出一個好問題，我們仍可以從這一段對話中清楚了解學生目前所在的「位置」，並且運用這樣的了解，進一步採取合宜的步驟來促進學生的學習。如果是這樣，那麼學生對於自己思考歷程的說明

Q

遠比給老師一個答案更有價值，因為這樣的說明能讓老師知道學生是怎麼想的。如果學生還能夠問問題的話，就又比說明自己的思考歷程能讓老師得到更多的訊息了。

換言之，提問的目的不同就會影響提問後的回應方式。**知道學生的答案當然是需要的，但並非只是要了解他能否達到老師期望的理解，更積極的切入點是他現在的理解在哪個狀態，該怎麼引導與提問才能讓他發現與看見「關鍵理解」**。這並不是指老師要一直給予明顯的暗示，而是要引導學生的思考，讓他覺察被自己遺漏的訊息，或是推論有不合理之處，或有尚未考量的因素等，藉由這樣的思考歷程，不僅對於意義有了真正的理解，更培養了未來面對現象探究的思維。雖然看起來這樣的過程很耗時，但讓學生擁有有意義的經驗與思考能力卻能省去未來更多的時間。

經驗創造的重要性

學生每天在學校學習就是在累積自己的經驗，什麼經驗呢？發現意義的經驗。這段經驗不只是結果，更在過程中培養起理解世界或解決問題的能力，以及克服困難的勇氣與毅力。換言之，如果以經驗來重新檢視我們的學校課程與活動，那麼就應該讓學生在不同的學習階段中，都能形成相應的知識、技能與態度，這就是教育圈這些年一直在談的「素養」。

既然我們所安排的是真實的經驗，那麼在學生要展開對於意義的探究之前，我們必然要先引起他們的感受。

我們如果希望學生開始提問跟對話，那麼我們安排的課程一定要讓學生產生感受，也就是說，同樣要帶學生去探討一個問題，我爲什麼要選擇某一張照片、而不是另一張照片？必然是被挑選的照片可以引起學生比較強烈的感受。當然，那張照片必須是跟我接下來要討論的問題相關才行。**一旦感受出現了，我就可以用提問來挖掘他內在的想法，透過一連串提問，啟動他對世界的好奇欲望。**

然而，老師並非在每一堂課程中都需要一直提問，有時候，一整堂課的時間可能一部分時間規劃為學生閱讀，一部分時間讓學生完成一些任務，一部分則是做問題的對談，不可能整堂課都讓學生在回應我們的問題，或是整堂課都在操作。重點不在提問數量的多寡，而在於透過提問是否引起了學生的思考。

Q

營造促進提問的環境

要怎麼創造出有意義的經驗？又要怎麼才能讓學生想要探索世界？教育有一個重要的責任，就是提供能支持這些事情產生的環境。或許有的老師會說，但我們班其他任課老師很糟糕，或是其他老師都不想做，更或者是學校行政好像已經沒有餘力管這些事情。

沒關係，我們或許無法有一個完美的起點，但可以從自己的導師班級、自己的任教班級，與幾位理念相同的同儕老師開始做起，那麼我們仍有機會先創造出一個有助於促進學生專注思考的理想環境。當學生漸漸有了明顯的成長，慢慢地就能影響這些班級的其他任課老師，甚至是家長與其他班級的同學。該要怎麼進行呢？以下是我對於學生參與及氛圍營造的建議。

● 合宜的學習參與

想要營造一個促進提問的環境，我們必須先讓學生知道，我們希望他們以什麼樣的方式與態度投入學習，而不是訂定許多禁止做的事情，或是只用加分來型塑學生行為，這都會讓學生把關注的焦點放在符合教師的期待，而非專注在自己的思考上。我們同時要告訴學生，非常歡迎他們說出自己對於現象或問題的想法，**只要是專注在正在進行中的課程，任何想法都是有價值的，即使在一開始看似不正確的想法，都會是我們通往正確道路的起點**，況且來學校學習的目的，就是要從「不會」到「會」。

在促進提問的學習環境裡，我們會提供足以刺激學生感受的事實讓他盡情探究，我們要一起經歷真實經驗。我們必須讓學生知道教室裡將會發生的事，希望能夠讓大家真正理解概念的形成過程與意義，這遠比聽懂更重要，未來才能因為理解而產生遷移，更有利於複雜概念的學習。要明確地讓學生知道，這間教室是要幫助他能夠培養思考的習慣，課堂中也將不斷地創造思考的歷程來培養他的思考習慣。

然而，我們不能只是宣稱我們將提供學生這樣的環境，我們更要給予學生在課堂中足夠的時間來回答問題，並且讓學生真實感受到，老師期望的不是標準答案，而是每個人自己的想法；老師期待的是想法之間的衝撞與釐清，要的是真正的「理解」，而不是「知道」與「記住」。

我們更期望在這樣的引導中幫助學生知道，除了學科關注的範疇不同，以及有些領域在解決問題上的特定方式外，在面對各個學科的知識探究歷程中，都有一些共通

Q

的思考次序與方式，都要經過觀察、分析和比較，所以思考的歷程不會因爲學科而有差異，真正有差異的是思考的內容。而這樣的形式如果能夠不限於學科學習，還包含學校內非正式課程與學生生活事物都能有一致性的對應，將使學生更容易形成提問與思考的習慣。

● 安心的提問氛圍

當我們提出一個好問題，但如果學生不參與，那就沒有意義了。因此，我們需要營造安心的課堂氛圍，讓學生能暢所欲言，在被友善的接納與對待後，他便能開始學習聆聽他人說話，並在親身體驗有意義的對話發生後，有機會在不同或相同的想法間進行反思。透過有意義的對話，才有可能讓學生知道，原來相互對談與聆聽將啟動更多自己原來沒有想過的事情，慢慢的，學生就會懂得爲什麼要好好地跟別人談話，爲什麼要好好地聽別人講話，爲什麼有人在發表或分享時必須安靜，不是因爲老師要我安靜，是因爲自己想專心傾聽，以便能夠參與後續的對話與討論；跟其他人談話也會影響我的思考，促使我想得更多、想得更深入或寬廣。

老師在課堂中不只是解釋者或解答者，更多時候，我們可能是示範者，透過引導學生的過程，我們示範著什麼叫做清楚與周全的思考。當學生只看到表面，我們會追問他，甚至給他更難的問題，讓他去挑戰；還會提供一些鷹架，追問他，幫助他能夠解決原來無法解決的問題。老師是課室安全氛圍很重要的一員，在這樣的課堂裡面，老師要不斷地提問，不斷地聽學生說話，不斷地去串連不同學生之間的談話，最後讓全班能夠透過這樣的提問、討論與回答，最後綜合這些內容，發現這就是我們要學會的「理解」。

老師串連不同學生的答案，串連學生的答案跟課本的內容，幫助學生把現在所學的跟過去學習過的內容作串連。我們以提問進行引導，促進學生思考：

「你可以比較一下你們兩個的說法有什麼差別呢？」

「A同學已經說完了，有沒有人要幫他補充？」

「我發現剛剛B同學跟C同學講得不太一樣，有沒有人想要分享你比較支持哪一位的想法，為什麼？」

「老師覺得你說得很好，如果是這樣的話，那麼我們曾經學過的那種情形能夠適用嗎？」

藉由提問，能幫助學生想得更多，最終將討論聚斂，歸納形成意義，提出完整的

Q

概念。老師重視任何學生思考的事情或者他遇到的困難，這將讓學生知道：原來我參與課程的學習是安全的；原來老師希望我可以熱中的投入，因爲老師覺得每一個人的答案都很重要；原來老師在乎的是我們每一個人都能投入學習。

● 同心的學校實踐

我曾經閱讀到一個以「思維」為教學核心的學校，那是由美國小型學校運動開拓者梅爾（Deborah Meier）所創立，學校教學核心是五大學習技能，藉此建立學生五個思維的習慣（habits of mind），而這五個思維習慣的養成都是以老師的提問展開的：

1. 證據：思考我提出想法或下判斷的時候，是依據什麼證據。老師在上課時會不斷地問這件事情，讓學生進行推論。

2. 視角：思考我對事物的陳述是站在什麼角度回答，如果我們對於相同的事情做出不同立場的判斷，我能否理解在同學立場的判斷呢？老師不斷地提問讓學生留意到差異的來源。

3. 連結：思考這件事情我聯想與連結到什麼。老師不斷地提問讓學生找出連結的關係，擴大想像，增加對於事物的了解。

4. 猜測：對於事物我能去猜想跟預測會發生什麼事情，我才有辦法去決定我可能的行動。老師不斷地提問讓學生做出合理的猜想與推測。

5. 相關：思考這些內容是否存在某種規律性，或是什麼可能的關係。這樣的思維是要讓學生找到事物間的模式。

這五個思維或許一點都不特別，因為我們都曾經在課堂中提出過。但千萬別小看這個對學生的簡單思維訓練，當一所學校的成人們都不斷地將這五個思維落實在生活與學習上，並持續且規律地進行著，讓這樣的思維成為一種生活習慣，學生的學習就會自然呈現出不同的風貌了。

用提問培養思考習慣

我常覺得學生其實是辛苦的。想一想，孩子一天要上這麼多不同種類的課程，而每個老師的習慣都不一樣，每個老師在乎的事情跟要求也都不一樣。學生每上一種不同的課程，就要重新轉換一套思考模式跟知識系統去配合不同的老師。有時我們會發現，有的學生上完前一個課程後，到了下一個課程還切換不過來，需要花好長的時間才能讓自己專注，這樣的課程安排對於年紀小的孩子來說更是件辛苦的事。

如果我們要培養學生穩定的學習節奏與態度，透過老師的提問來做思考或許是個可行的方式。當我們帶學生思考的時候，必然會設計能讓他有感且願意投入的問題，當腦中有自己感到好奇、困惑且亟欲解決的問題時，腦袋裡面的思緒才會開始流動，這樣也才有機會專注在問題上。如果老師都能共同看重提問與思考的重要性，透過大家的合作，更能有效地支持學生的發展。

如何用提問培養思考的習慣，以下是我的建議：

● 規律的提問次序

提問是為了引起有序的思考，所以在提問之前，必須先理解思考。在提問設計的安排裡，我們一定會經歷一個要啟動思考的階段，刻意提供學生一個現象觀察、刻意提出問題，讓學生覺察這些現象或問題，開始在腦中進行聯想與比對，眼前所見是否符合過去已知的經驗，當學生發現這和過去的已知不同，或是並沒有可以聯想的過去經驗時，他便會開始感到困惑，於是腦中就會對自己提問，不管他是否說出口或在心中吶喊。

我們之所以要了解思考的歷程，就是為了提出符合思考歷程的問題，讓學生能經驗從覺察到觀察、觀察到推斷、推斷到分析、分析到推理、推理到推論的過程，這將讓我們更留意在提問時是否能引起有序的思考，才有可能讓學生真正發現潛藏在表層事物下的意義。

如果提問不考慮思考歷程，那又會如何呢？當你發現你的學生思考很跳躍混亂、缺乏邏輯、沒有章法，就一定要想想：「問題是不是可能與我有關？」很有可能老師平常的引導與提問就是混亂的。如果你覺得學生講來講去都只能講到表面的感覺，你就要問自己：「我是不是太少帶著他們去看背後的意義？」或者當你覺得學生總是很衝動輕率地回答問題、講些人家都聽不懂的東西，就要想一想：「我的提問安排是不是有讓他們養成想清楚再說話的習慣？」

● 後設的提問終點

有時候我會問學生：「現在我們回頭看看，老師剛剛爲什麼要你們注意這些問題？」讓學生去思考我為何問這些問題，讓他從這個過程中發現，原來老師是這樣看事情的。學生是要看見知識的結果，還是知識被產製的過程與過程代表的意義呢？如

Q

果老師的提問過程就對應著思考歷程，那麼帶著學生一起來後設老師是怎麼問問題，就變成最快讓學生掌握思考的方法。由於學生已經經歷了這一連串問題的思考與解決過程，更能感受與理解原來老師所說的思考歷程是什麼，也藉此學會在學習時應該如何透過提問來幫助自己理解。

我們進行課程設計時也是一樣的，絕不是只依據特定步驟做設計而已，過程中必須不斷地對自己提問。我們先發散地找出這個課程有哪些是可以教的、可以發揮的；接著再決定要如何收斂，聚焦到這個課最關鍵要教的是什麼；收斂後就會知道哪些東西可以捨棄，或哪些東西不需要花這麼多時間。當這樣的歷程結束後，我們接著開始進行檢核，後設做出這樣選擇的原因，進而有意識地去安排意義發展的順序。這樣的後設歷程能夠幫助自己更理解課程設計是什麼，分析自己的思考過程，讓自己的專業能夠成長。我們帶著學生一起後設自己解決問題的過程、分析老師提出的問題與次序，同樣是期望學生能夠真正掌握概念間的關係，並從中獲得理解世界的鑰匙。

在平常生活中解決問題時也是如此。如果我們從來沒有將邏輯思考歷程呈現給學生，從來沒有讓學生看見原來我是這樣規劃事情的，學生是不可能自然而然就學會這些方法與能力的，他需要不斷地學習，加上老師不斷地提供經歷與實踐的機會，才有可能完全掌握好這些方法與能力。

師生的共同語言

當你教到一個新的班級時，你會發現剛開學那段時間上課時特別不順暢，這是因為這群新的學生跟自己還沒有培養起默契，彼此仍在磨合中。但我們所稱的「默契」指的是什麼？要磨合的又是什麼呢？其實很多時候是因爲你跟這群學生還沒有建立起你們共享的知識。所謂的默契是指我們有共同的語言，我們的思考方式有了共同性，所以我們能夠一起討論事情，也能猜測彼此正在思考什麼或正遇到了什麼關卡。

如果想要更快地讓學生進入狀況，那麼一開始和學生互動時，你的指令要清楚，你的用詞與論述方式要固定，不要使用或更換太多不同的詞語或複雜的指令，這會使得學生一直在抓取不同的訊息，並猜想老師到底想表達什麼。

學生一直在適應老師使用的詞彙跟思考模式，所以如果我們想要讓新的班級能夠更快展開有意義的提問與對話討論，一開始可能就要重複相同的引導與提問過程，盡可能使用相同的詞語來說明某些任務的進行或解釋事物的運作，這都將成為班級群體的共享知識，讓未來難度更高的學習奠定良好的共同基礎。

Q

我所遇過的多數老師都非常的認真，無論是在課堂裡的班級經營，或是課前的備課準備，以及課後的作業批閱與學生輔導。然而我也發現，多數老師常是孤單的，必須單打獨鬥面對許多問題。

如果有一所學校，所有老師一起約定好什麼才是對學生成長與學習最重要的事情，我們所有人共同用這些方式引導學生的思考與發展，我們所有人都要在課堂裡帶著學生去探究與思考知識形成的過程與意義，當我們每一個人都認真地去實踐，將會發現一件神奇的事，那就是學生能夠如此快速地發生改變。

當學生很快就可以抓到這個學校的規律，很容易就能在這個學校安定下來生活與學習。在這個學校中，他找到了思考的一致性跟模式，無論在做人、做事或求學上，他就不用一直去適應或配合每一個老師。我相信這樣的學校不只是理想，是願意行動就能看見的真實。

提問精要放大鏡

▼學生每天在學校學習就是在累積自己的經驗——發現意義的經驗。這段經驗不只是結果，更在過程中培養起理解世界或解決問題的能力，以及克服困難的勇氣與毅力。

▼學校要努力營造促進提問的環境，包含：提供合宜的學習參與，創造安心的提問氛圍，持續培養提問的思維。

▼我們必須要了解思考的歷程，透過引起有序思考的提問，讓學生真正發現潛藏在表層事物下的意義。

▼如果學校所有老師能夠約定好，共同用這些方式引導學生的思考與發展，在課堂裡帶著學生去探究與思考知識形成的過程與意義，學生便能夠快速的發生改變。

領導共好如何真心問？

挺身發言要有勇氣；坐下來聽也需要勇氣。

——邱吉爾（Winston Churchill）

在開始談「領導怎麼問」之前，應該要先說明我認為的「領導」是什麼。賽門・西奈克（**Simon Sinek**）在《在一起，更好》（*Together is better*）書中寫到：「領導不是大權在握，領導是在照顧那些託付給你的人。」對我來說，這段話有兩個關鍵詞，分別是「照顧」和「託付給你」。當我們擔任一個職位時，除了擔負起這個職位的工作與責任之外，在我們的身旁同時還有一群同仁或夥伴會跟我們同行。如果大家一起同行，為何還要說「照顧」呢？那是因為這裡的「同行」指的是大家具有共同的目標，並且發心一同努力，而身為領導者在同行的過程中，有時必須激勵大家，對於願景產生認同與期待；有時則必須提醒大家，對於行動保持敏捷與謹慎；有時必須鼓勵大家，對於挫折要正向並勇敢面對；更必須支持大家，對於自己的不足保持謙卑與學習。

總之，無論在工作或是生命的意義上，我們都要照顧夥伴們與組織一同找到更好的答案。就如同現代管理學之父杜拉克（Peter Drucker）說的：「管理是把事情做對，領導是做對的事情。」一位領導者必須根據組織與個人發展的關鍵，在必要的時候提出對的問題，讓事情往對的方向發展。

領導是為了產生影響

如果不是領導者，還需要學習領導嗎？關於這個問題，我們可以想得更深入一點：領導究竟是一個「位置」，還是一種「行動」？領導是要有位置才能做的事情，還是透過行動就能做的事情？

對我來說，領導是指後者。當然，有位置的人更要有領導的行動。如果是這樣，接下來我們該思考的是：身為領導者該要有什麼行動？

如果要把我們想到的行動都逐一羅列，恐怕就會變成一本厚重的操作手冊，而且永遠無法窮盡。領導的行動到底該怎麼表示？能對於組織的人、事、物產生有助於個人與群體發展的影響力，這樣的行動就可以稱之為「領導」，比如說：「如果我們過

Q

去已經完成了許多事情，但我們仍然認為有些事情不如我們的期待，我們是不是一起想想，我們目前的努力已經改變了什麼？還有什麼是我們還可以再嘗試的？」這樣的提問能讓大家將注意力從抱怨轉移到盤點我們的行動已經做到了什麼，唯有如此，大家才有可能跨出準備採取新行動的第一步。

領導既然是影響力的展現，可影響的對象包含自己、家人、朋友、同僚或同儕、長官或是下屬，或甚至關係更遠的人，都在領導所及的範圍。從這些對象就能發現領導可以是向下領導，也可以是向上領導，更可能是橫向的領導，但領導的對象並不是人，而是人們如何看待事情，並因為看待的方式不同而有不同的行動。

學習領導便是要先釐清在變動之下，最關鍵的原則是什麼，例如學校的各項規畫最重要的原則就是保障學生的學習，原則清楚了，才會知道每個選擇與決定的依據。這也如同課程設計必須先掌握關鍵理解一樣，唯有目標清晰了，行動才會正確。學習如何透過提問，改變人觀看世界的視野與視角，有了新的切入點與思考，領導的影響力便能產生意義。

領導困境就這樣問

什麼時候我們會想到「領導」呢？多數組織在遇到困境時，總會期待著有位強而有力的領導人，能夠引領大家向前、突破困難，但現實情況下，多數組織的情形並非如此理想。一個組織的困境除了可能來自於外在環境或內在需求的條件外，多數情形往往來自於人的問題。這麼說並非是指組織裡有造成問題的人，相反地，可能有很多人很想要著手解決問題，但卻總是無法成功。

這樣的組織通常也存在著領導的困境，這些困境長久無法獲得改善，有時是因為並沒有找到真正的問題，或嘗試解決但卻無法從根本上獲得改善；有些則是沒有創造出成員想要改變或是追求更好的需求，所以即便執行了不同方案，但大家仍然用原來的態度與方式來處理問題；或是沒有創造出需要面對潛藏問題的張力或衝突，因此大家雖然知道組織有問題或是彼此意見不同，但仍然得過且過，使得狀況一直未獲改善，甚至逐漸惡化。

Q

當我們的困境已經明顯外顯時

這種狀況時我們更需要領導，透過不斷向下追問，找到真正根本的問題，例如：「為什麼大家不願意改變？為什麼大家覺得沒有時間？為什麼大家會有這麼多工作？透過為什麼每年都增加這麼多新工作？為什麼沒有刪掉舊的工作？」透過不斷地問，抽絲剝繭，直到真正的問題出現為止。當我們找到真正的問題，這時候找的解決方法通常就不會只是徵狀解或是表面解，根本的問題能幫助我們更容易找到根本解。

當我們的困境仍內隱未被理會時

這種狀況常常是因為大家安於現況，即便感到有些部分不順遂或不滿意，但仍是可以忍受的範圍。這時我們可以問：「如果真的要你找出一件事情還能夠更好，你會馬上想到什麼？為什麼你會想到這件事情？這件事情如果真的變得更不理想，對我們會有什麼影響？如果現在看來還不算是大問題的情況下，我們可以做什麼事情來避免我們擔心的事情發生呢？」探詢大家內在深處的感受，分析感受的來源，想像可能的影響，找出可以行動的方式，這時提出的處理目的與方式就是由大家主動決定。

● 當我們的困境存在卻被刻意忽視時

如果要掀開沉痾，大家勢必因為不敢預期會發生什麼事情，寧可選擇視而不見。遇到這種狀況時，可以問：「如果一件事情我們知道現在的方法並沒有解決，我們為什麼仍然持續做？」

這樣問並非是想要製造衝突而提問，我們是為了讓組織更好而提問。不從人或制度作為提問的切入點，而是以重要事情未能如預期的矛盾著手，讓大家對於這些與沉痾有關的重要事情進行思考與討論，最終決定新的方式，而不是討論原有問題的是非對錯。如果一件事情無法輕易地從兩種做法上做出選擇，那就表示這兩個都不是最合適的解法，創造新的選項才能避免二選一或輸贏的張力。

透過提問，領導不會只是決定方法與做法，而是尊重與看重所有成員的主體性與能動性，讓他們成為共同發現問題的人，才有可能讓他們願意承諾與行動。絕不能讓大家習慣於被安排或被決定，而讓他們放棄對於「讓組織能夠更好」的思考，那將會讓他們失去對於自己與組織的熱情，於是面對工作只是奉命完成「別人」的交代。

Q

促進共好的提問

當我們能理解領導不會僅限於特定身分者，我們便能以我們的身分或位置產生領導，以提問引動大家的思考，進而覺察現象、發現問題、發想做法並採取行動。

● 提問的原則

提問的目的將決定提問的原則，能夠讓提問目的達成的事情都是該注意的原則，例如我一直強調的要引起思考，因為思考才能找到好的答案，或是安排提問的次序，讓思考能夠愈來愈深入與清楚。領導的提問原則與其他場域並沒有太多的差異，因為目的都是希望能夠有更好的可能。

1. 關注在意義：無論在任何情形下提問，我不會只是在乎「怎麼問」，同時更要把握「為何問」，才能在提問的時候不會偏離，以至於無法產生有意義的討論。就如同課程設計的「關鍵理解」，掌握這次提問想要產生什麼意義，就能夠提出合宜的問題。

2. 底線要守住：在領導的場域下面對組織發展，只要是能維持組織運作的原則，那也會是提問該注意的原則。這樣的說法好像模糊，那麼我們換個方式來說，如果提問是為了讓組織持續發展，那就記得千萬不要問出讓組織停滯或倒退的問題。知道什麼事情不能做，比知道要做什麼事情似乎更簡單一點，掌握了底線，要如何做判斷就變得簡單多了。

3. 別妨礙思考：清楚完整且合乎情境的語句，或是友善的語氣等這類基本的原則是必備的，此外，不能提出任何暗示期待的問題，例如：「你們覺得怎麼樣做才能讓校長滿意？」也不能提出有評價意味的問題，例如：「這樣做真的比較好嗎？」更不可以是只希望得到答案，但不鼓勵思考的問題，例如：「誰可以說出最快速的解決方法？」

● 提問的氛圍

你會等待好的氛圍時才提出問題，還是你會主動出擊來營造提問的氛圍呢？期望產生影響力的人如果在可以創造環境的情形下卻沒有行動，那他期望產生的影響也就遙遙無期了。積極的領導者必定要主動創造環境，讓大家樂於投入。

1. 正向環境的營造：讓提問或質疑的人不再被視為找麻煩或難搞的，透過我們的提問，讓那些簡短或語氣不完整的說法，能夠在回應提問的過程中有機會被陳述清

Q

楚，甚至透過我們的提問，讓這些成員不只有說出他們想要的結果，而是說出他們的信念或原則，讓彼此有機會將注意力放在決定每件事情的信念，而不執著在爭辯做法或結果上的差異。

2. 最高層次的支持：我們有時會聽到其他人對於組織的諸多抱怨，會誤以為他們說出來的就是要被解決的事情，即使能給的都給了，抱怨卻沒有停止。我們沒有去深究抱怨的根源是什麼？真正需要被正視或滿足的需求又是什麼？無論什麼年紀與人生階段，每個人都有成長或成就上的需求。提問，讓大家能夠從任務中思考自己對於這件事情完成的想像，對於自己能夠產生貢獻的期待，對於過程中大家如何共同合作的需求等。在探討這樣問題的同時，我們能引起他人正向的心理與成功需求，這樣的過程與結果便是真正最高層次的支持。當成員在組織中有正向的成長時，組織必然同時受益。

3. 共同經驗的創造：我們常聽到「革命情感」這個詞彙，在說明曾經一起面對與解決困難的經驗，這樣的經驗多數是共同相處一段時間，面對同一個有難度的事情，過程中強烈感受到對於彼此的需求與支持。這樣的經驗說明了透過共同面對與完成一件事情的連結，讓關係有了新的可能。藉由提問，我們刻意凸顯了過程中的重要時刻、每個人的努力與這些努力的意義，唯有建立了關係才能創造共同經驗，而共同經驗便可以創造共好。

用提問重新認識組織

領導的場域可能在家庭、學校、職場，可能在親子互動的情境，也可能是在課堂學習或是上班工作的情境，無論場域或情境如何轉變，不變的都是我們相信提問可以啟動大家的思考，喚醒主體性，引出能動性，進而讓個人在完成組織目的的同時也讓自己成為更好的人。

領導，讓改變的到來與行動的決定變得自然而然。提問，使大家專注在釐清自己對於人、事、物的想法，更專注在覺察自己對於人、事、物的想像與期待，最後專注在如何讓期待成真。

領導所產生的影響力必須讓人沒有壓迫感，**即使有不安或不適，卻很清楚困境為何，並能沉著面對及試圖解決**。提問，讓我們重新認識組織，也讓我們重新理解困境，更創造一條開創未來的新路徑。

Q

提問精要放大鏡

- 一位領導者必須根據組織與個人發展的關鍵，在必要的時候提出對的問題，讓事情往對的方向發展。
- 領導提問的原則是問題必須使組織成員關注在意義的探詢上，組織的基本原則要守住，更別提出妨礙成員思考的問題。
- 領導提問的前提是創造提問的氛圍，營造成員的正向氛圍、提供最高層次的支持，並創造組織成員間有利於組織發展的共同經驗。
- 領導所產生的影響力必須讓人沒有壓迫感，即使有不安或不適，卻很清楚困境為何，並能沉著面對。提問，讓我們重新認識組織，也讓我們重新理解困境，更創造一條開創未來的新路徑。

開創未來如何學會問？

卓越不是天生的，而是後天養成。

——丹尼爾・科伊爾（Daniel Coyle）

如果「提問」這件事，是連大人都需要特地學習才能夠做得好，那麼對於未成年的孩子來說，難度想必更高吧？仔細想想，我們在學校的課程與教學過程中，也並沒有一門課是專門教學生提問的。提問確實並不需要特別獨立設一門課，而應該存在於所有學科的學習之中，因為要形成「關鍵理解」之前，不僅是老師會提問，學生在探究過程中也會對自己提問，以幫助自己聚焦並釐清要解決的困惑。

如果我們將學生學習提問的時間再往前追溯，早在學生進入學校之前，他們應該在家庭生活中就有過提問的經驗。年幼的孩子對於什麼都感到新奇有趣，不可能不提出問題，但我們是否曾經觀察過孩子是如何提問的？這樣的提問是經由特別教過而來嗎？如果孩子是天生的提問者，這樣的提問不好嗎？為何我們還會希望孩子能學習提問呢？

「提問」與「思考」是一件事情的兩面，每當我們要思考的時候，提問就產生了引導或定錨的效果，如果我們只是用天生的直覺反應與本能來思考或提問，那就無法保證我們能否在每一次的意義探索過程中都產生好的提問，能夠引起何種思考也就無法確定了。

原來他是這樣問

隨著學生的年紀愈大，願意提問的人數卻愈來愈少了。原因可能是孩子愈來愈謹慎思考，所以不會隨意亂問出沒想清楚的問題，另外還有一種情形是因為環境並不鼓勵提問，或甚至課堂中也沒有保留讓他們提問的時間與自由。事實上，有些老師甚至害怕學生提問，這是因為學生常常在課堂中提出太多且太發散的問題，如果老師都要回答這些提問，那上課時間怎麼夠？也有些老師會擔心，如果孩子提出的問題無法即時解答，該怎麼辦？

在討論以上這些情況的因應方式之前，我們先來想想學生在課堂提問所代表的意義。一個學生上課會問問題，我們至少可以確定一件事情：這個學生有在思考，也有認真上課。對於一位認真上課的學生所提出的問題，並且是與課堂上正在進行的主題相關，那麼無論他的理解是正確的、錯誤的或是模糊的，以學生的問題作為討論的焦點都遠比討論老師自己認為重要的事情更重要，因為此時此刻釐清學生的困惑，他們才可能真正理解。相反的，如果我們今天上完一節課卻沒有人願意提問，這代表的絕對不是老師說得太好了，因為就算老師說得再精采，如果無法引起聽眾的共鳴與回應，那麼仍然稱不上是一場成功的表達，更何況這並不是演講，而是課堂教學，是希望讓學習發生的場域。

在課堂上，學生不提問絕不是個好現象，也就是說，在我們的課堂中，絕大部分的孩子雖然看似很專心的聆聽，但其實在過程中，他並沒有在思考或是與自己對話，所以即使課程教完了，仍然無法對於課程內容產生連結或是困惑。當然，每一間教室中總有一些孩子會跟自己的內在做對話，學習過程中也會產生疑問，透過自我提問，他會嘗試去釐清並真的搞懂了，所以他沒有開口問問題。就像絕大部分的成人可能很習慣跟自己對話，透過自我對話，向內找出問題的答案。但對於絕大多數的孩子來說，他們是否能夠透過自問自答的過程，幫助自己釐清問題，找到更好的答案呢？

Q

討論至此，我們可以將課堂中的提問狀況整理為四個部分：學生提問過於發散、學生提問頻率過低、提問討論時間有限，以及提問內容無法回應。前兩個部分是學生提問的情形，後兩個部分是教師因應的狀況。這些提問狀況在平時的親子互動中也會有類似的情形，父母也會遇到與老師相同的困難，到底這些問題的本質是什麼？而父母和老師又該如何因應呢？以下分別就這四個部分做說明：

● 孩子提問過於發散

孩子的提問過於發散，往往是因為我們提供給孩子觀察的事實訊息過於複雜，以至於孩子抓到一個訊息就問一個問題，又或是組合幾個對他有意義的訊息後提出問題。這些問題往往遠離我們想要討論的事情，或是沒有太多意義，只是想確認事實的問題，例如：「老師，所以我們現在是讀完文章，然後寫摘要嗎？」又或是訊息被錯誤組合，使得孩子提出錯誤的問題，例如：「老師，所以第一支影片說垃圾掩埋的數量太多，場地不夠了要蓋焚化爐；第二支影片則說垃圾燃燒會產生戴奧辛，所以蓋焚化爐會產生戴奧辛啊！」學生簡化了兩部影片的關係，便做出了直覺的結論。

面對這樣的情形，成人應該要知道，我們必須提供訊息更單純的事實讓孩子進行探究，才有可能凸顯值得探究之處。如果我們一定得要用複雜的事實才能進行探討，也應該試著調整事實的資訊量，盡可能依據孩子的發展階段來保留必要訊息，或是在提問之前，讓孩子有機會充分認識事實的訊息，如此才能避免他們毫無章法的隨意提出問題。

● 孩子提問頻率過低

我們的教育現場正面臨一個嚴峻的挑戰，那就是我們的孩子缺乏想要找答案的主動性，因此也無法提出想要問的問題。如果成人不在乎孩子的主體性，只從成人覺得孩子需要理解的角度來傳達想法，或是不重視孩子在發展階段中感到好奇的問題，都將使孩子逐漸失去主動探究的習慣，一旦失去了在成長過程中的主體性，就更不可能展現提問的能動性了。

● 提問討論時間有限

如果第一點提及的狀況被排除了，那麼接下來會面對的將是與主題相關的問題，這些問題常常是彼此相關聯的，有些則具有發展次序。我們應該要能夠先掌握問題間

Q

的關係，透過整理這些問題的次序，讓討論問題的過程也成為學生學習的進程，甚至討論有些問題時還會連帶解答了其他的問題，那麼我們原本安排要做的討論，可能也就可以省略了，因為過程中已經達成了目的。這樣的討論即便耗時，卻能確保孩子的理解。

● 提問內容無法回應

當孩子提出一個我們無法立即回應的問題，而且這個問題是有意義的，我們想必會很開心，因為當孩子能問出值得討論的好問題，必然是具有一定程度的觀察與分析能力。此時，我們可以請孩子試著回答他目前的猜想，並且陪著他一起驗證這樣的想法是否合宜。我們也可以跟孩子坦承自己從未思考過這件事情，並告訴他這真的是一個很棒的問題，然後邀請孩子一起找資料，共同探究問題。如果這樣的情形是發生在課堂上，老師可以告訴孩子這個問題必須再做確認，會在下一次課堂來討論。就像數年前我的學生曾經說過的：「現在的知識那麼多，每天也有許多新的知識被產生，老師如果有不知道的事情是很正常的，但我沒有辦法接受老師明明不知道，卻還是要假裝知道，我比較希望老師跟我們一起找出答案或討論。」

即便孩子還沒學好如何提問，或是成人還沒能掌握好回應的方式，但有一件事情是我們務必要做到的，那就是當孩子開始在問問題的時候，不管他的年紀大小，我們一定要認真的聆聽，讓他知道提問並不是一種錯誤的行為，大人會認真地對待他所說的話；或是當他主動問你問題時，我們一定要把握機會，慎重地跟他對談，讓他覺得自己的問題是值得被討論的。無論是聆聽或對談，都是為了讓孩子知道自己在做一件被允許的事情，而且是會被認真回應的事情，以確保他日後願意持續提問。

陪伴孩子學會提問

為什麼孩子必須學會提問呢？因為如果無法提問，就無法釐清困惑、確認問題、聯想各種可能，也無法提出暫時想法，更無法驗證想法，這樣一來，他不就動彈不得，無法展開有意義的探究嗎？最終只能等待別人給他答案。如果孩子只能等待別人給答案，那麼他所接觸與認識的世界就被局限了，不僅無法進行有意義的思考，更難以產生有意義的行動。

提問的起點是為了探索更好的答案，透過提問而引出有意義的過程。如何陪伴孩

Q

子學習提問呢？我認為應當從成人的示範開始，讓孩子理解提問的意義與方式，逐漸掌握如何問問題的方法，接著大人就能逐步放手，讓他們成為探究過程的主要提問者。

● 第一個階段：大人先示範提問

對於不知道如何提出好問題或是不愛問問題的孩子，身邊的大人是他最容易接觸與學習的對象。我們必須先當那個產生好奇的人，讓孩子知道我們因為看見了什麼而感到困惑；我們也必須當那個仔細釐清背景的人，讓孩子知道我們不是隨便就提出想法；我們還要當那個思考各種可能答案的人，讓孩子知道我們不是一有想法就下結論；我們還要當那個檢驗各種想法的人，讓孩子知道我們是謹慎地做出選擇；我們更要當那個能夠明確說出最終想法的人，讓他知道我們的目的不是獲取「事實」，而是事實背後的「意義」。

讓孩子清楚地看見我們如何提問與面對問題的歷程，並且讓他們有機會知道我們是如何產生與進行提問的，在適當的機會下更應該與他們討論為何要問這些問題，為何要用這樣的方式解決困惑與好奇。**揭示我們的提問歷程才完成了真正的提問示範，否則我們就只是個留一手的專家，獨留孩子自行摸索。**

● **第二個階段：引導並讓孩子釐清**

當孩子已經開始能夠模仿我們提出問題的時候，接下來常會出現的狀況是問出的問題不夠明確，或是問題之間的連貫性不夠清晰，所以常會因此打斷了自己的思緒。這時我們應該引導孩子進一步釐清問題，但這並不是要放棄他們提出的問題而重新提問，而是透過提問有機會發現自己先前提問的不嚴謹之處，讓他們重新整理並再次提出更清楚的問題。經過幾次這樣的經驗過後，我們將可以發現，孩子會開始審視自己或彼此問出的問題，確認這個問題問得是否夠清楚，再進一步做必要的詢問，然後用文字或語言說明他的困惑，進而能清楚地描述問題，使它能夠變成一個可被討論跟被解決的好問題。

● **第三個階段：邀請孩子並營造提問氛圍**

到了這個階段，我們只需要持續鼓勵孩子提出有意義的問題，除此之外，也要支持他們找出答案。因此，在這個階段中，營造有助於提問與探究的氛圍與環境，就成為我們重要的責任，不僅在互動或課堂的安排上採用「學習者中心」的方式，更應該重新思考課堂中時間的分配比例，到底是要提供較多的時間在學生的探究與思考呢？

Q

還是教師的講解與說明要占去較多時間呢？到了這個階段的孩子已經是能夠提出有意義問題與進行反思的人，所以重新分配老師引導與學生探究的時間，學生就有足夠時間可以從事實形成意義。

● 第四個階段：持續與孩子互動，做孩子的夥伴

當我們透過示範、引導到邀請孩子提問的歷程，孩子已經逐漸學習成為一個好的提問者與思考者。然而我們不會因為孩子能夠自己提問，就放棄了參與與陪伴他探索世界的機會，我們要繼續成為孩子的夥伴，支持與陪伴他們探究問題與共同討論，為的是一起找出更好的答案。

將提問應用在各種情境中

知道可以如何培養孩子的提問能力後，孩子可以將提問運用在哪些情境中、並讓提問成為一種習慣呢？其實生活與學習的任何時刻都應該時時保持這樣的一致性，養成透過提問來引導自己審慎思考的習慣，以便做出更好的判斷與決定。以下我們就三

個重要的情境，來思考孩子可能出現的提問情形：

● 探索自我

人一生會問自己很多問題：我為什麼會生氣？我為什麼喜歡的東西和別人不同？我為什麼一定要做這件事情？我該選擇什麼學校？我該從事什麼工作？所有需要審慎思考的事情，都應該用提問幫助我們「緩一緩」衝動的判斷。如果沒有待解的問題，我們應該是直覺地回應了，或根本不去思考事情，這將使我們有可能做出不合適的選擇。

因此，我們要覺察自己的情緒，透過提問釐清情緒的來源，找到安定自己的方式，以及解決問題的下一步策略；發現自己的喜好，透過提問釐清自己的價值排序，找到引導自己行為的核心，更清楚自己的選擇。對於求學、就業或擇偶的選擇，更需要透過提問釐清自己最在乎的原則是什麼，幫助自己了解與接受天底下沒有最完美的決定，只有最合適的決定，進而讓自己積極地去面對每一個決定，並持續努力讓這個選擇能往更好的方向發展。

Q

● 探索世界

這個世界從我們出生起就存在於我們四周：周遭的人、自然環境、人文環境、人造物與自然界萬物，無不時時刻刻吸引著我們的注意力。小時候的我們雖然會感到好奇，但那時多是本能地回應這個世界，先從認識與知道這些人、事、物的存在，展開我們對於世界的探究。當孩子培養起提問的習慣後，面對世界時就不再只是確認與知道而已，他們將更好奇這些運作背後的原理。

「探究」往往是從一個問題開始，如果孩子有辦法問出一個問題，才是真的跨出探究的第一步，這個問題將決定他們到底是要上網路找資料？還是要到現場實際去看？或者是該要找朋友對話？還是要去訪問相關的人？這一連串的思考下來，便從一個問題發展出許多問題，啟動了更多的事情，促成了更多的理解。

● 探索未來

未來不只是我們的生涯發展，更包含這個世界的變遷。未來不同於現在或過去，具有明確的現象或資料可以幫助我們進行了解，在探索還未發生的事情時，更加需要提出預測的想法，並測試它的合理性。無論是自己計畫未來想要從事的職業前需要先讀什麼科系，或是三十年後地球溫度的可能變化以及相應的氣候與地貌改變，這些問題都必須靠我們主動去思索，也必須主動提出有意義的問題，因為沒有人可以幫你面對未來的挑戰，我們必須提早關心，並透過提問推測可能的發展，以便決定現在採取的行動。

「**探索自己**」是每個人都必然會做的事，不管是探索每天的感受或是要面對的挑戰，無論人們再怎麼逃避，**向內連結仍是必然會發生的**；「**探索世界**」則在人們**向外連結時被凸顯**，無論是人際往來的需求，或是理解與參與社會生活的必要；而「**探索未來**」**是人們想像生命的發展時必然的連結**，想像自己的變化，也想像著未來的生活環境。這三個面向的探索是孩子終身持續的課題，對我們成人來說也是一樣重要，透過持續的提問，讓我們可以更清明地看待變化，做出合宜的應對。

用提問開創未來

無論是教學或是教養，我們都應該把更多的注意力放在孩子提出來的問題，引導或鼓勵他們提出問題。我們更要刻意指出那些有意義的問題，進而鼓勵孩子把問題說

Q

得更清楚，或促使他們未來能夠持續問出好問題。

我們也要為他們營造友善的提問環境，讓他們能夠安心地探索與冒險，讓他們明瞭每個問題在還未找到令人滿意的答案之前，都曾歷經了多次的試誤，有時候錯誤很快被排除，有時候卻可能經過了很長的歷程。**在試誤的過程中，我們必須引導與支持孩子持續釐清與確認問題，掌握目標，才能夠在解決問題的過程中不至於迷失**。

直到孩子已經習慣這樣的歷程，並知道應當如何提出必要的問題後，我們將成為他們探索世界的好夥伴，支持或是陪伴他一同提出問題、面對問題與解決問題，成為積極與主動開創未來的人。

提問精要放大鏡

▼提問與思考是一件事情的兩面，每當我們要思考的時候，提問就產生了引導或定錨的效果。

▼無論年紀大小的孩子開始在問問題時，成人都要認真地聆聽，並慎重地跟他對談，讓他知道大人會認真地對待他所說的話，並讓他覺得自己的問題是值得被討論的，促進他持續提問。

▼培養孩子提問的四個步驟：大人先示範提問、引導並讓孩子釐清、邀請孩子並營造提問氛圍、持續與孩子互動成為夥伴。

▼成人應營造友善的提問環境，讓孩子能夠安心地探索與冒險，讓他們明瞭每個問題在還未找到令人滿意的答案之前，都曾歷經多次的試誤。在試誤的過程中，我們必須引導與支持孩子持續釐清與確認問題，掌握目標，才能夠在解決問題的過程中不至於迷失。

結語

未來，從提出好問題開始

我平常接觸最多的是學校老師，其次是家長，還有一些是教育行政工作者。經常聽到大家相同的困境，往往是不知道如何讓與他人的對話可以更流暢，並透過對話激盪出更多元、豐富的想法。學校老師在乎的是與學生的對話或是與同事的對話；家長在乎的是與孩子的對話；教育行政工作者在乎的對象則包含了前述所有的人。

而這一切說到底，全都有個殷切的期待，那就是：能不能透過對話讓人、事、物的發展變得更好。因此，我常在想，**如果人與人之間的對話最末不只是用「句號」作結束，更可以有些「問號」穿插在其中，那麼語言的流動就會改變了！**

用問句開啟思考與互動

「句號」大多用來表示一個意義已經說明完了，以此做個結束。而「問號」則用在對於一件事情有明確的疑惑，而且這個疑惑還與特定的對象相關，所以通常問出口之後，大家都很清楚目前要解決或回應的是什麼問題，而且該由誰來回答。換句話說，「句號」是說話者將對話結束，而「問號」則是說話者將對話開啟。

如果一個群體對於一件事情暫時無法解決或期望將問題優化，那麼「句號」將會停止大家的想像，「問號」則會促進大家的思考與互動。因為「問號」不只是提出一個問題，背後還隱藏著思考與互動兩個動作，而這兩個動作或許才是我們的真正目的，讓一群人或一個人透過一個問題開始思考，接著透過對話表達自己的想法，並同時起了邀請的作用，邀請別人也開始思考與對話。我們平時也常這樣邀請自己，在心中自問自答著。

一個困難或待優化的情境，是無法用「句號」找到答案的，如果可以，那麼這件事情早就能夠依據句號的句子而獲得解答了。即便我們平時也常說出「問號」的句子，但多數的問句引出的是確認，然而在解決困難與優化的情形中，需要的不只是一般的問句，而是可以引導大家投入探究的「關鍵提問」，例如：「為什麼我們參考、學習並運用了其他組織的方法，卻無法達到預期的效果呢？」一個關鍵的提問，便清楚地指出組織目前的疑惑，以及該思考這件事情的對象，顯而易見的，這樣的問句完全不同於：「還有什麼方法是我們可以做的？」

換言之，行動不是優先於要發生的事情，思考與互動才是，個人的思考與群體互動所引起的思考，將讓我們對於現況與問題有更明確的掌握，也讓後續行動有所本與容易聚焦。像是：「在我們所關注與經歷的事情中，有什麼是能夠連結社會大眾的需要或理想的呢？要引動這樣的需求或理想，我們可以透過什麼形式來表達？又該運用什麼樣的媒介來與他們連結與建立關係呢？」於是透過一連串的提問，最終將形成新的意義與行動。

提問絕不是一個直覺反應的過程，因為直覺反應只是一個未被釐清的感受，未經思考就被輕易地說出。而「關鍵提問」必須是經過思考後所提出明確的疑惑，而這個疑惑也將指向我們想要達成的目的，讓對話的流動變得清晰，讓參與對話的人能清楚我們正進行到哪個階段，又要往哪裡去。要能夠提出「關鍵提問」，就必須先理解我們天生「為何會問」以及「如何問」，我們才能刻意地讓提問變得更敏捷。同時，我們也要理解解答會產生的歷程，才能清楚「怎麼問」能引起有邏輯的思考過程，清晰且透澈，進而產生有意義的結果。

學提問前先解析自己

當我們在討論「學習」議題時，許多人關注的是「該學習些什麼」、「該安排怎樣的學習歷程」，而我關注的焦點在於「學習歷程中自己發生了什麼變化」。這是因為我將「學習」定義為自我成長與自我改變，所以對我來說，內在發生了什麼，遠比外在進行的事情更為優先與重要。

那麼，怎樣才算是學習呢？也就是與原來的我相比，當這件被稱為「學習」的事情發生後，讓我產生了新的理解。在這個定義下，我們感到好奇時會學習，想要了解這件過去所不知道的事情；我們感到困惑的時候也會學習，想要了解這件事情為何不是過去所以為的那樣。遇上過去所不知道的事情時，我們無法在第一時間意會，也不知道它是什麼，這是一個理解上遭遇的挑戰，我將它歸類為「困難」；如果是事情不如我們所以為或是不如我們所預期，則是一個理解上遭遇的調整過程，我將它歸類在則是「優化」。簡單來說，我們不知道怎麼處理的事情是「困難」，我們曾經處理過的事情則是「優化」。我們可以用上述角度重新詮釋學習與思考：當遭遇新的挑戰時，「困難」會讓我們踏上發現的旅程，我們會在旅程的最後賦予這件事情意義；遭遇必要的調整時，「優化」會讓我們走向驗證的旅行，我們會在旅行的終點豐富了這件事情的特性與樣態。

在我們清楚自己提問與思考的脈絡後，我們更要解析自己在不同脈絡中的思考是如何進展的，是如何從不清楚逐漸到清楚的。這兩種解析的尺度不同，前者看的是整個脈絡，後者看的是細節進展，所以前者所稱的思考是名詞，指整個歷程，後者所稱的思考是動詞，指歷程的運作。對於思考清楚了，就能發現在不同的階段，我們都需要透過提問幫助自己釐清、定錨與聚斂，釐清時提出關於「WHAT」的問題來理解背景，定錨時提出關於「WHY」的問題來決定探究主題，從定錨到聚斂的過程中有許多關於「HOW」的問題被提出，幫助我們進行分析，最終透過「WHAT」的問題來聚斂出關鍵理解的意義，更進一步做出行動。

清楚自己思考的歷程便能知道該怎麼樣幫助自己，真正能夠問到該問的，讓自己跳脫原來的習慣跟框架，能夠看到一些我沒有看到的事情，才能做出更好的判斷與決定，也因為對於自我的解析，讓我們有能力安排更好的環境與材料，創造一個值得探究的歷程，以提問來促進他人思考。

為了更好的未來，我們必須提問

過去的你沒有提問的習慣，可能表示我們遇到事情時往往不去懷疑與不假思索，並習慣用直覺來解決問題。有的時候我們也許不會遇上困難，有的時候則會遭遇失敗，但我們常常會將這樣的結果歸因為運氣，不會去思考真正的問題是否是出在自己。因此，我們一定要學會問，當你開始在遇到疑惑時問問題，你才會因為提問而停下來，不會急著下判斷，不會直接做決定，因為你一定是在想過以後才開始有行動。

一個好的問題，會引起人們的好奇，使人願意投入，整個探究過程就會充滿動能；**真正好的問題，根本無需擔心他人不參與或回應。一個好的問題，更能讓人跳出原來看事情的框架**，特別是在遇到不容易的選擇或是不理解的關卡，透過提問與持續探究，釐清到底哪邊是有狀況的。透過很多的提問，讓人們不斷去內在撞擊，創造某種讓人內在疑惑的時刻，才會停下詢問自己。

如果提問只是為了要取得正確的答案，我們會發現這將錯失或剝奪了一個人可以困惑跟自問自答的機會，長久下來，這將使我們與孩子都變成不問問題的人。透過提問，我們也才有機會知道他人是如何看與如何想的，所以不提問的人，表示你並不期待與自己或他人有更多的交流，你只希望事情能夠快點結束，看來很順利、也很安全，卻忽視了追求更好的答案才是面對人、事、物應有的態度。如果我們樂於提問，並能透過提問與身邊的人示範一種面對事情的態度，讓他人從我們身上看見，原來學習是充滿樂趣的事，進而渴望成為一個有能力與熱情來探究世界的人。

提問者就像是一個平台，透過提出的問題，讓許多人、事、物被放在同一個平台上被分析。在孩子的成長歷程，父母與老師是很重要的平台，孩子將透過我們與我們的安排，開始接觸這些有意義的事實，探究背後重要的概念。換言之，我們是讓孩子從他的生活與世界做連結的一個重要平台。當孩子有能力以自己的話語來描述與詮釋外在世界，這些知識才會成為他真正擁有的資本，這也是作為成人的我們應當追求的理想。

我們要讓這一代的孩子學會提問，因為未來的世界將比現在存在更多兩難的問題，更將不容易做出判斷與行動。他們將面對全新的挑戰，更沒有人知道答案，他們必須先對現象提出問題，或透過提問釐清真正的問題，確認問題與定義清楚問題才能開始著手，這是孩子未來必然會遭遇的情境。

如果提問在我們之間逐漸消失，探究事理的行動也將消失。文明如果只靠著口耳相傳，孩子能夠記住與理解的將遠比我們說出來的少，新知識的產生將可能在世代交替後逐漸遞減，這絕不是我們所樂見的。數位時代的孩子擅長於「輸入」的部分，關於「輸出」的能力是我們應該要關注的。而提問能促進有意義的理解，並能使他人輸出自己的想法，甚至於輸出行動。

下一個世代的孩子不能只是等著回答問題的人，當所有人都不問問題了，那麼這個世界就沒有需要回答的問題了，世界將重複著原來的模式進行著，問題持續存在、累積與惡化。培養可以提問的新世代是我們最重要的責任，唯有透過提問，我們才有機會解決問題或是優化現況，也才能夠創造我們的未來。

學習與教育228

提問力
啟動探究思考的關鍵

作者／藍偉瑩
責任編輯／李佩芬
校對／魏秋綢
封面、版型設計／ FE設計
內頁排版／立全電腦印前排版有限公司
行銷企劃／林靈姝

天下雜誌群創辦人／殷允芃
董事長兼執行長／何琦瑜
媒體暨產品事業群
總經理／游玉雪
副總經理／林彥傑
總監／李佩芬
副總監／陳珮雯
版權主任／何晨瑋、黃微真

出版者／親子天下股份有限公司
地址／台北市104建國北路一段96號4樓
電話／（02）2509-2800　傳真／（02）2509-2462
網址／ www.parenting.com.tw
讀者服務專線／（02）2662-0332　週一～週五：09:00~17:30
讀者服務傳真／（02）2662-6048
客服信箱／ parenting@cw.com.tw
法律顧問／台英國際商務法律事務所・羅明通律師
製版印刷／中原造像股份有限公司
總經銷／大和圖書有限公司　電話：（02）8990-2588

出版日期／ 2021年11月第一版第一次印行
　　　　　 2023年 5 月第一版第六次印行
定　價／ 420元
書　號／ BKEE0228P
ISBN ／ 978-626-305-114-0（平裝）

提問力：啟動探究思考的關鍵/藍偉瑩作. -- 第一版. -- 臺北市：親子天下股份有限公司, 2021.11
288面；17x23公分. -- (學習與教育系列；228)
ISBN 978-626-305-114-0(平裝)

1.親職教育 2.思考 3.學習心理學

528.2　　110018348